★名校名师强烈推荐★

— 中学生科普拓展系列 —

芳香植物探秘

TANMI

FANGXIANG ZHIWU

★开拓创新思维★

★培养创新意识★

★提高科学素养★

周晓敏◎主编

江蘇鳳凰教育出版社
Phoenix Education Publishing, Ltd

图书在版编目（CIP）数据

芳香植物探秘／周晓敏主编．—南京：江苏凤凰教育出版社，2019.4

ISBN 978-7-5499-8018-5

Ⅰ．①芳…　Ⅱ．①周…　Ⅲ．①香料植物－青少年读物
Ⅳ．①Q949.97-49

中国版本图书馆CIP数据核字(2019)第074689号

书　　名　芳香植物探秘
主　　编　周晓敏
责任编辑　雷利军
出版发行　江苏凤凰教育出版社（南京市湖南路1号A楼　邮编210009）
苏教网址　http://www.1088.com.cn
照　　排　红十月图文设计有限公司
印　　刷　三河市九洲财鑫印刷有限公司
厂　　址　河北省三河市灵山大口
开　　本　787毫米×1092毫米　1/16
印　　张　13.75
字　　数　211千字
版　　次　2019年5月第1版 2019年5月第1次印刷
书　　号　ISBN 978-7-5499-8018-5
定　　价　36.00元
网店地址　http://jsfhjy.taobao.com
邮购电话　025-85406265，85400774　短信 02585420909
E - mail　jsep@vip.163.com
盗版举报　025-83658579

序一 Preface

上海市临港实验中学创建于2015年，是一所由世外教育集团托管的新学校。三年来，学校秉持培养具有芳香气质的当代中学生的教育理念，开办了STEAM-创智中心，建立了芳香植物、教育机器人、比特物联网、艺术创作等四个创新实验室，以项目化学习的新方式，培养学生创新+智慧的科学素养，以此打造健康、芬芳、宜人、积极的生态绿色学校。

《芳香植物探秘》是学校为创建特色课程而打造的一门校本课程。芳香植物作为世界上分布最广泛的一类植物，不仅具有净化环境、养生保健、治疗疾病的功效，还有底蕴深厚的历史传奇和提升品质的文化内涵。芳香植物产品交换的传播历程，折射了人类从物物交易到货币买卖的贸易演变史；芳香植物产品功效的升级换代，体现了人类从认识自然到利用自然的科学发展史；对芳香植物产品内涵的广泛认同，顺应了人类从物质满足到精神追求的文明进步史。学校在上海交通大学芳香植物研究中心的支持下，以芳香植物为内容，以文化探秘为主线，结合学生实际挖掘芳香植物的文化内涵，开展特色课程的研发与应用，既契合临港地区学校和初中学生年龄阶段的实际，又符合国家提出的学生发展应该具备“人文底蕴、科学精神、实践创新”的培养目标。因此，该课程体现了临港地区的环境特点和初中学生的年龄特征，彰显了课程的校本化和实践性。

《芳香植物探秘》是学校投身课程改革的创新实验成果。该课程围绕认识、种植和应用芳香植物三个环节，借鉴STEAM跨学科的教育思想，采用PBL项目化的学习方式，引导学生在了解芳香文化，展开科学探究，进行手工制作的教学过程中，学习知识，开阔视野；增长才能，提升素养。

其中，学校采用的跨学科的学习内容和项目化的学习方式，成为该课程的一大亮点。2017年，教育部颁布了《中小学综合实践活动课程指导纲要》，明确指出：综合实践活动是从学生的真实生活和发展需要出发，从生活情境中发现问题，转化为活动主题，通过探究、服务、制作、体验等方式，培养学生综合素质的跨学科实践性课程。由此可见，学习主题由问题转化而来，而问题又在生活情境中发现，而生活又是五彩斑斓的。所以，学习的主题不可能是单一内容，传统的分科教学已经无法满足开展综合实践活动的教育要求。为此，学校推进的此项改革，顺应了当前上海教育深化课程改革的发展方向，体现了课程改革前沿的跨学科和项目化的新思路。

《芳香植物探秘》是学校激活学生主体性的一种有益尝试的成果。该课程通过引导学生对芳香植物的学习和了解，从而培养学生应该具备的“芳香气质”，形成学校浓郁的“芳香文化”，这样就把学校的育人目标与课程实施紧密地结合起来。以本书的第三单元为例，在认识芳香植物的教学环节中，学校以“校园芳香植物名录”的项目为抓手，让学生在校园芳香植物的采摘、观察、识别、应用、分类、二维码制作、校园芳香植物地图绘制等一系列活动中，充分发挥主观能动性，成为项目学习的主体。在探索芳香文化的教学环节中，从香草香料的传奇故事分享，到赞美芳香植物的诗词歌赋诵读；从对《诗经》中植物特征与爱情象征的欣赏，到对《楚辞》中香草美人与忠君爱国的演绎；从对丝绸之路上香料发展历史的学习，到“一带一路”中产业合作的友谊，学生们浸润在历史悠久、内涵深厚的芳香文化之中，学得懂、学得进，学习的主动性和积极性得以充分发挥。所以，该课程激发了学生主动学习的积极性，增强了学生的主体性和教学内容的有效性。

作为一门由基层学校自主研发的校本课程，尽管已经经过了几年的实践与研究，但由于经验不足，肯定还有很多值得推敲和完善的地方。但是，学校勇于探索的主动性和教师敢于实践的积极性还是难能可贵的。

王懋功

上海教育学会秘书长

徐汇区教育局原局长

2018年10月21日

序二 Preface

当我看到《芳香植物探秘》一书时，内心充满感动、感激和感谢。

感动的是，在当下我国芳香植物专业书籍方面一片空白、芳香植物科学研究报道稀有的条件下，上海市临港实验中学的老师们完成了芳香植物实践教材从无到有的创造性工作。感激的是，这本教材的内容覆盖了芳香植物资源认知和分类、栽培环境条件的摸索；芳香植物在花园和教室中的设计布局和使用，在生活中如何应用芳香植物，如手工皂、护手霜、美食、植物画的制作方法等；还拓展了芳香植物和园艺疗法之间的关系。教材的内容更加注重实践和对学生操作能力的培养，使学生在兴趣中培养能力，在探究中掌握知识，和目前的知识堆积型教材、应试能力培养教材相比，独树一帜，难能可贵。感谢的是，他们在芳香植物教材荒芜的土地上耕耘出一片绿洲，教材撰写本身就是真真切切的"探秘"过程，不知克服多少困难和跨越多少障碍才得以完成！为临港实验中学为芳香植物在中学的知识传授做的开拓性工作点赞。

姚雷

上海交通大学芳香植物研发中心

序 三
Preface

芳香植物是指具有香气、可供提取芳香精油的栽培植物和野生植物的总称。作为世界上分布最广泛的一类植物，它们不仅具有净化环境、医药保健的功效，而且其传播历程折射了人类经济贸易的发展史，其文化内涵呈现了人类从物质满足逐步向精神文明迈进的步伐……总之，芳香植物的内涵是多元的、融合的、开放的、创新的。

自2016年起，上海市临港实验中学以“芳香植物探秘”为题，展开了相关教学实践和研究，并与上海交通大学芳香植物研究中心签订了合作协议，围绕“认识芳香植物，探索芳香文化”“种植芳香植物，展开科学探究”“应用芳香植物，进行手工制作”三个板块，采用STEAM教育理念和PBL学习方式，共开发了12个活动。此课程开发与2016年我国教育学会发布的《中国学生发展核心素养》中提出的中国学生发展应该具备的人文底蕴、科学精神、实践创新等培养目标不谋而合，与2017年教育部颁布的《中小学综合实践活动课程指导纲要》中指出的“综合实践活动是从学生的真实生活和发展需要出发，从生活情境中发现问题，转化为活动主题，通过探究、服务、制作、体验等方式，培养学生综合素质的跨学科实践性课程”一脉相承。

经过近三年的教学实践与研究，我们编写了本书。在这一过程中，我们得到了上海交通大学芳香植物研究中心主任、博士生导师姚雷教授与李玉红教授，市教委教研室信息技术教研员倪冬彬，虹口区教育学院信息中心主任闻铭，浦东教发院两类课程教研员陈久华，上海开放大学理工学院院长张永忠，徐汇区青少年活动中心原副主任叶红，徐汇区青少年活动中心科技部长姚建兰，上海大学美术学院朱宏教授，资深设计师杨杰等多位专家老师，以及世外教育集团、上海世外智慧教育科技股份有限公司的大力支持，在此表示衷心感谢。

当然，由于课程开发的经验还不够丰富，本书必定存在问题与不足。在教学实践与研究中，我们会不断地对其进行完善和修改，使之更加成熟。

《芳香植物探秘》PBL 项目组

目 录
Preface

第一单元 Unit 1

我的芳香教室

芳香植物有许多用途，其中芳香疗法是芳香植物很重要的用途之一。芳香疗法的实施通常要借助芳香康复花园，其中，薰衣草香气清新优雅，具有舒缓紧张情绪、镇定心神的作用；薄荷香气清凉，具有治疗失眠、平缓情绪的功效。每一种植物在这所康复花园中都担任着一个角色——不会讲话的治疗师。

新学期已经来到，同学们看到崭新的教室，是否会觉得少了一丝绿意呢？但如果用一些常见的植物来装饰教室，又会显得缺乏创意，因此，我们将以小组为单位，利用芳香植物对我们的教室进行设计、装饰。

那么什么是芳香植物呢？欢迎同学们来探索芳香植物的奇妙世界！

活动一
认识芳香植物

活动类型

研究　设计

活动时间

2 周

活动概述

芳香植物这个名字听起来是否有些陌生？其实它们在日常生活中经常出现，如最普通的调味品葱、蒜、洋葱，西餐中常用的薄荷、罗勒，花店里常见的玫瑰、满天星等，它们都是芳香植物家族中的一员。芳香植物约有 3 600 多种，是植物界中一个特别的家族。请同学们通过调查研究或资料查找，了解与芳香植物有关的知识。完成活动后，同学们便可以回答以下一些问题了。

1. 什么是芳香植物？

2. 芳香植物的生长需要什么条件？

3. 芳香植物有哪些作用？

活动步骤

（一）组建团队

团队合作能激发团队成员的能力，集体协作的成果往往超出成员个人所获得的成果。因此，同学们需要组建一个团队，共同完成此项任务。

1. 了解班内同学的个性、特长，将有组队意向的同学的名字记录下来。

姓名	个性特长

提示：一定要注意组员的特长平衡，最好能各有所长，避免重复！

2. 根据自主意志，自由分组。

3. 为自己的团队起个响亮的名字，设计一个队徽。

团队名称：
名称的意义：
队徽：

（二）接受任务

本活动的主要任务是认识芳香植物，通过小组合作，最终形成一张关于芳香植物的思维导图，并在班内交流。

1. 从“什么是芳香植物”“芳香植物有哪些用途”“芳香植物的生长条件”中任选一个，查找资料，认识芳香植物。

任务：查找资料，收集信息
你会通过什么途径获得需要的资料？ 途径 1： 途径 2： 途径 3：

2. 将小组的学习成果绘制成一张思维导图，下图为思维导图的范例。

思维导图

思维导图又叫心智导图，是表达发散性思维的有效图形思维工具，可以将我们的思维过程形象化。这是使用一个中央关键词或想法引起形象化的构造和分类的想法，用一个中央关键词或想法以辐射线连接所有的代表字词、想法、任务或其他关联活动的图解方式。

思维导图的绘制步骤：

Step 1　从白纸中心开始绘制，用一个图像表达中心主题。

Step 2　用曲线画分支，不同分支使用不同颜色。

Step 3　在每条分支曲线上写上关键词，而不是一段话。

要点：（1）中央、分支都用图像，整个思维导图要多用图像。（2）关键词要简短。（3）除了线条的粗细有变化之外，线条间隔要合理。

3. 将小组学习成果在班内交流分享。

（三）分配任务

根据每个成员的特长，通过团队讨论，合理地分配任务。

具体任务	负责人
查找文字资料	
查找图片资料	
查找相关 PPT	
绘制思维导图	
交流汇报	

提示：尽量根据每个成员的特长分配任务。

（四）执行任务

1. 了解什么是芳香植物。

日常生活中，你一定见到过芳香植物，如洋葱、玫瑰、柑橘等，那么到底什么是芳香植物呢？请通过多种途径搜集一些关于芳香植物的资料。

信息收集表

<table>
<tr><td>小组</td><td></td><td>姓名</td><td></td><td>资料类型</td><td>□图片 □文字
□其他：________</td></tr>
<tr><td>信息来源</td><td colspan="3">□教师提供网址
□关键字搜索：________</td><td colspan="2">具体网址：________________
________________________</td></tr>
<tr><td>具体内容</td><td colspan="5"></td></tr>
</table>

提示：查找到的资料一定要及时记录、整理。

2. 芳香植物的生长条件。

芳香植物对生长条件有什么特殊要求呢？利用多种途径去了解芳香植物的生长环境。

信息收集表

小组		姓名		资料类型	□图片　□文字 □其他：＿＿＿＿
信息来源	□教师提供网址 □关键字搜索：＿＿＿＿			具体网址：＿＿＿＿＿＿＿＿ ＿＿＿＿＿＿＿＿＿＿＿＿	
具体内容					

3. 芳香植物的用途。

从芳香植物中提取的有效成分调配成香精和其他赋香原料后，可以被使用在各种地方。

请你查找资料，完成下面的表格。

用途	举例

4. 绘制思维导图。

5. 交流分享。

活动小结

通过本活动，同学们对芳香植物有了初步的了解，这将是开展后续活动的基础。思维导图作为一种梳理工具，同学们也可以将其应用到日常学习中去。

活动评价

评价自己或同伴在认识芳香植物活动中的表现。

认识芳香植物活动评价表

团队成员	其他成员的评价	活动表现（自评）
学习心得		

活动二

设计芳香教室

活动类型

研究　设计

活动时间

2 周

活动概述

对芳香植物有了一定了解之后，怎么合理利用芳香植物来装饰我们的教室呢？在本活动中，同学们将在组内分工合作，完成一份芳香教室的简易设计图纸，并派小组代表在班级内进行交流分享，阐述本组的设计用到了哪些芳香植物，为什么选择这些芳香植物，为什么将此种芳香植物放置在特定的位置，最终票选出最佳设计方案。完成活动后，同学们便可以回答以下一些问题。

1. 如何绘制芳香教室设计图纸？

2. 如何选择合适的芳香植物？

活动步骤

（一）接受任务

本活动的主要任务是通过小组合作，绘制一张教室的室内图纸，并在恰当的位置放置合适的芳香植物，最终在班内进行展示分享，并票选出一份最佳设计图纸。

思考芳香教室设计中的具体任务，再将任务分解为若干小任务。

分 解 任 务
任务 1：
任务 2：
任务 3：

（二）分配任务

根据每个成员的特长，通过团队讨论，合理地分配每项任务。

具体任务	负责人
例如，绘制图纸	

提示：尽量根据每个人的特长分配任务。

（三）执行任务

1. 图纸设计。

仔细观察以下两张室内设计图纸，小组讨论，总结它是用什么形式（形状）呈现出教室内的物体的。

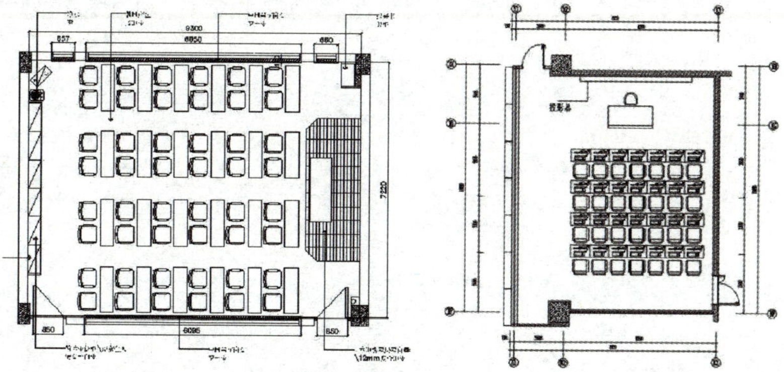

室内设计图

2. 图纸绘制。

根据上述活动，同学们已经知道教室内部的事物可以用不同的形状组合呈现出来，接下来你亲自动手画一画吧。

结构	呈现方式
桌子	
椅子	
黑板	
窗台	

3. 选择合适的芳香植物。

不同的芳香植物，其生长条件也不尽相同。哪些芳香植物适合在秋冬季节生长呢？除了季节因素外，同学们在选择芳香植物时还需要考虑哪些因素呢？进行小组讨论，将结果记录在下面的表格中。

根据小组讨论结果，查找资料，选择合适的芳香植物，将其放在教室内的合适位置，并将结果记录在表格中。

芳香植物	生长温度	光照需求	香味浓烈程度	摆放位置	示意图

提示：查找到的资料一定要及时记录、整理。

4. 请将以上资料整合到教室的室内设计图纸中，将设计图纸补充完整。

5. 班内交流、投票。

在班级内分享交流团队设计的图纸，交流时要清楚地介绍选择了什么芳香植物，放在何处，为什么放在这个位置，有何作用。

活动小结

有效的小组合作，能够帮助同学们出色地完成活动任务。

活动评价

设计图纸评价标准

评价指标		优秀	良好	一般
设计图纸	内容	文字与图示表达非常清晰，准确反映教室结构。	文字和图示表达清晰，能反映教室结构。	文字和图示表达不清晰，无法真实反映教室结构。
	准确性	图示准确性高，一目了然，物品摆放位置合理。	图示具有一定的准确性，物品摆放位置较为合理。	图示不准确，物品摆放不合理。
	风格	设计独特，富有创意，关注细节。	设计大方，便于识图。	图示不准确，物品摆放不合理。

设计芳香教室活动评价表

使用小组：__________ 组长：__________

评价活动	评价指标	表现水平	组 1	组 2	组 3	组 4	组 5
图纸绘制	内容	优秀					
		良好					
		一般					
	准确性	优秀					
		良好					
		一般					
	风格	优秀					
		良好					
		一般					
组长签字：							

活动三 种植芳香植物

活动类型

研究 实验 种植

活动时间

6 周

活动概述

在“设计芳香教室”活动中，同学们已经票选出了最佳设计图纸。在本活动中，同学们将按照最佳设计图纸种植相应的芳香植物。完成活动后，同学们便可以回答以下一些问题。

1. 常用的种植方法有哪些？
2. 如何进行育苗？
3. 怎么进行移栽？

（一）接受任务

本活动的主要任务是根据票选出的芳香教室设计图纸来种植芳香植物。

1. 查找资料，了解常用的种植方法。
2. 根据提供的活动资金，自主选择合适的植物，可以是种子、幼苗或盆栽。
3. 种子的催芽育苗、幼苗和盆栽的移栽种植。
4. 实验探究。

（二）分配任务

根据每个成员的特长，通过团队讨论，合理地分配每项任务。

具体任务	负责人
查找种植方法	
选购植物	
育苗	
移栽	

提示：尽量根据每个人的特长来分配任务。

（三）执行任务

1. 常用的种植方法。

不同的植物有不同的种植方法，请将查找到的资料填写在下表中。

种植方法	具体类型	适用植物
例如，种子繁殖		

2. 选购植物。

利用提供的活动资金（50 元），按照分配到的具体教室区域，自主选购植物，类型可以是种子、幼苗、盆栽等，并将选购结果填写在下表中。

植物	类型	选购网址

3. 催芽育苗。

通常为了提高种子的发芽率，一般在种植前需要进行催芽育苗。催芽育苗的方法有很多种，如纸巾催芽、育苗盘育苗等。下面，我们一起来体验一下神奇的催芽育苗过程。

（1）需要的器材。

你认识下面的器材吗？请写出它们的名字。

______

______

育苗：育苗就是培育幼苗的意思，是指在苗圃、温室或温床里培育幼苗，以备移植至土地里栽种。

育苗需要育苗盘、育苗基质等工具材料。

选择适当的穴盘，选择好的基质，并正确地填充基质，打孔，将种子均匀播入穴孔的中央，并均匀覆盖，适当浇水。这样就完成了育苗的第一步工作。

（2）操作步骤。

①选择种子。

②将纱布均匀、平整地铺在培养皿内。

③用滴瓶向纱布上浇水，使纱布充分湿润。

④将种子整齐地摆放在纱布上。

⑤贴上标签。

（3）观察、养护和记录。

日期	种子的变化（多少粒种子萌发）	处理措施
月　日		
月　日		
月　日		
月　日		

（4）发芽率计算。

经过几天的观察和计算，本小组的种子最终发芽率为______。

4. 移栽。

当小苗长出两三片叶子时就可以进行疏苗移栽了，那怎么进行移栽呢？我们将通过一段微课来了解移栽的方法，观看后，请完成以下这张任务单。

疏苗移栽方法	
实验器具	花盆、营养土、________、________
基本步骤	①准备花盆：准备一个空花盆，在其中装入________营养土。 ②起苗：用________将小苗轻轻地从培养皿中夹起，放入预先准备好的花盆中。 ③定植：____。
注意事项	①移栽活动最好在__________时进行，防止晒蔫叶子。 ②移栽结束后要及时施________和________。

5. 教室布置。

各小组将移栽好的花盆贴好标签，根据芳香教室设计方案，将其摆放到指定位置。

（四）拓展实验

通过上面的催芽、育苗活动，同学们不难发现，即使是同种种子，它的发芽率也是不尽相同的。除了可能与种子本身有关，发芽率是否与外界环境有关系呢？下面，通过实验一起来探究一下吧！

1. 实验设计。

（1）提出问题。

种子的萌发与什么环境因素有关呢？

（2）作出假设。

假设种子的萌发与____________因素有关。

（3）实验设计。

本组要研究的实验的变量是____________。

实验步骤：

①准备 4 个相同大小的容器，编号为 A、B、C、D。

②在 4 个容器中铺上厚薄相同的棉花或大小相同的纱布。

③在 4 个容器中各放入大小、种类相同的种子 10 粒。

④ A、B 号容器____。

C、D 号容器____。

⑤除第④步的实验条件外，保持其他实验条件均一致。

⑥每天观察种子的变化。

实验设计的三大原则

对照原则：在实验中设立实验组和对照组，使得实验结果更准确，更具说服力。

单一变量原则：控制其他因素不变而只改变其中某一变量，观察其对实验结果的影响。

平行重复原则：在进行此实验时，有的情况的出现是有偶然性的，需要多做几个对照实验，这样更有说服力、更具科学性。需要注意的是，这几组实验装置要在相同的条件下同时进行。

（4）实验操作。

在实验操作过程中，注意落实实验设计的三大原则。

（5）实验数据。

种子发芽和__________的关系实验记录表

日期	种子的变化（多少粒种子萌发、长势怎么样）	
	实验组	对照组
月　日		
月　日		
月　日		
月　日		
月　日		

（6）实验结果。

编号					
A					
B					
C					
D					

（7）实验结论。

通过实验探究，我们发现种子的萌发与________因素________。（有关 / 无关）

2. 撰写实验报告。

实验报告：是在科学研究活动中，人们为了检验某一种科学理论或假设，通过观察、分析、综合、判断，如实地把实验的全过程和实验结果用文字形式记录下来的书面材料。实验报告的结构一般包括实验名称、实验目的、实验准备、实验步骤、实验结果、实验结论和实验反思等。

活动小结

芳香植物除了能够布置教室之外，还有其他不同的用途，同学们不妨尝试着去探索一下吧！

活动评价

实验报告评价标准

评价指标		优秀	良好	一般
实验报告	科学性	实验报告中的科学术语使用准确，实验数据整理清晰，能根据实验数据结果得出正确的实验结论。	实验报告中的科学术语使用较为准确，实验数据整理清晰，能根据实验数据结果得出较为正确的实验结论。	实验报告中的科学术语使用不恰当，得出的实验结论存在一定问题。
	完整性	实验报告结构完整，实验步骤清晰。	实验报告结构较为完整，实验步骤表达较为清晰。	实验报告结构不完整，实验步骤表达不清晰。
	艺术性	记录美观，布局合理，文字清晰，书写工整规范，视觉效果好。	布局合理，文字清晰，书写工整规范。	布局不合理，文字过多、过小，装饰过多，视觉效果差。

种植芳香植物活动评价表

使用小组：____________ 组长：____________

评价活动	评价指标	表现水平	组 1	组 2	组 3	组 4	组 5
实验报告	科学性	优秀					
		良好					
		一般					
	完整性	优秀					
		良好					
		一般					
	艺术性	优秀					
		良好					
		一般					
组长签字：							

我的芳香教室活动个人反思表

姓名：________ 小组：________ 日期：________

在这个活动中，我所完成的任务是：
通过这个活动，我的学习收获是： （1）关于芳香植物知识。 （2）关于小组团队工作。 （3）关于演讲。 （4）其他。
通过这个活动，我知道自己的优势有：
通过这个活动，我知道自己还需要在以下方面继续努力：
如果再进行一次这个活动，我还会在以下方面进行调整：

第二单元

Unit 2

芳香手工皂

先来环顾我们的家，有着各种洗护用品，如香皂、沐浴露、洗发水……你是否留意过，这些大都是各种化学试剂的合成用品。那么这些用品中的化学成分会对我们的身体造成伤害吗？

我们是否可以将这类生活用品都替换成对身体有益的天然制品呢？由天然精油制成的香皂，在熟成过程中产生的甘油能够增强保湿功效，且天然精油等天然成分不会对皮肤造成损伤。

在本活动中，同学们将通过查找资料来了解手工皂的相关知识，如手工皂的常见类型、主要成分、功效等；通过亲手实践，探索手工皂的制作方法，然后设计调查问卷，检验手工皂的品质与欢迎度；最后，为亲手制作的芳香手工皂定价，进行销售。

活动一
认识手工皂

活动类型

研究　学习

活动时间

2 周

活动概述

手工皂的类型丰富，不同类型的手工皂，其中添加的成分也略有不同，当然功效也不尽相同。在本活动中，同学们需要查找资料，了解芳香手工皂的相关知识。完成活动后，同学们便可以回答以下一些问题。

1. 芳香手工皂的成分是什么？
2. 芳香手工皂的制作原理是什么？
3. 如何制作芳香手工皂？

活动步骤

（一）接受任务

本活动的主要任务是认识芳香手工皂，通过小组合作和自主探究，最终了解并学习芳香手工皂的相关知识，最终形成一份研究报告，在班内交流。

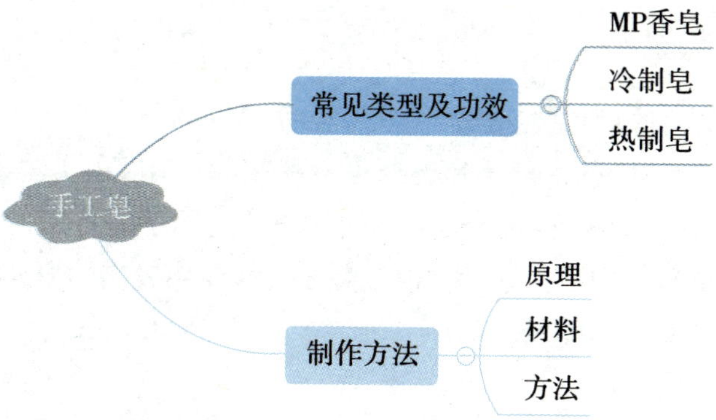

从上方的思维导图中，选择一个角度，查找资料，然后对思维导图进行补充和完善，并在班内交流汇报。

本小组选择的研究角度是：

□手工皂的常见类型及功效

□手工皂的制作方法

（二）分配任务

根据每个成员的特长，通过团队讨论，合理地分配每项任务。

具体任务	分工合作情况	若是个人写出姓名
	□个人　□小组	
	□个人　□小组	
	□个人　□小组	
	□个人　□小组	
	□个人　□小组	
	□个人　□小组	

提示：尽量根据每个人的特长来分配任务。

（三）执行任务

1. 了解手工皂的类型和主要成分。

手工皂的形状千姿百态，颜色和香味也不尽相同。在手工皂中添加不同的精油或其他成分，会使手工皂具备不同的功效。同学们可以借助网络或书籍，去调查和统计不同手工皂的功效及其成分，并用表格的形式将调查结果整理出来。

类型	功效

提示：查找到的资料一定要及时记录、整理。

2. 了解手工皂的制作方法。

要亲手制作一款芳香手工皂，就必须首先了解手工皂的制作方法及其原料配比，同学们可以借助网络或书籍进行文献查找，也可以通过网上的一些手工皂 DIY 材料包来研究手工皂制作需要的材料及其方法，然后将获取的信息整理并记录下来，在班上与同学们分享。

信息记录表

手工皂的制作方法		
信息来源	网络	关键词：　　　　网址：
	文献	作者：　　　　期刊号：
	书籍	书名：
主要原料		
基本原理		
基本步骤		

3. 利用搜集到的资料，将前面的思维导图补充完整。

4. 班内交流分享。

活动小结

通过本活动，同学们对手工皂及其功能和制作方法有了初步的认识，为后续的手工皂制作奠定了一定的基础。

活动评价

评价自己或同伴在认识手工皂活动中的表现。

认识手工皂活动评价表

<table>
<tr><th>团队成员</th><th>其他成员的评价</th><th>活动表现（自评）</th></tr>
<tr><td></td><td></td><td rowspan="6"></td></tr>
<tr><td></td><td></td></tr>
<tr><td></td><td></td></tr>
<tr><td></td><td></td></tr>
<tr><td></td><td></td></tr>
<tr><td></td><td></td></tr>
<tr><th colspan="3">学习心得</th></tr>
<tr><td colspan="3"></td></tr>
</table>

活动二
制作手工皂

活动类型

设计　制作

活动时间

2 周

活动概述

通过活动一，同学们了解了手工皂的基本类型以及制作方法。在本活动中，同学们将自主设计一款手工皂。手工皂的功能、配方、外观由同学们通过小组讨论后决定。在制作完成之后，同学们需要对手工皂进行定价。完成活动后，同学们便可以回答以下一些问题。

1. 我想要制作一款具有什么功效的手工皂?

2. 为了达到此功效，我在手工皂中添加了哪些成分?

活动步骤

（一）接受任务

本活动的主要任务是通过小组合作，设计并制作一款具有特定功效的手工皂。

将制作手工皂的任务分解为若干个小任务。

分解任务
任务1：确定手工皂的功效。 任务2： 任务3：

（二）分配任务

根据每个成员的特长，通过团队讨论，合理地分配每项任务。

具体任务	分工合作情况	若是个人写出姓名
	□个人　□小组	
	□个人　□小组	
	□个人　□小组	
	□个人　□小组	
	□个人　□小组	
	□个人　□小组	

提示：尽量根据每个人的特长来分配任务。

（三）执行任务

1. 确定功效。

通过小组讨论，确定手工皂的功效。

□保湿锁水　□护肤美白　□祛痘祛黑头　□祛角质

□滋润营养　□洗手杀菌　□其他__________

2. 设计配方（注意配方和功效相匹配）。

（1）皂基的类型。

□透明皂基　□乳白色皂基

（2）基础油的选择（可选择不同的组合）。

□橄榄油 □椰子油 □蓖麻油 □荷荷巴油 □甜杏仁油

□乳木果油 □葵花油 □鳄梨油 □棕榈油 □其他______

提示：不同的基础油有不同的功效，例如，椰子油能增加肥皂的起泡能力；橄榄油亲和人体肌肤，是天然的皮肤保湿剂；甜杏仁油适合过敏性肌肤；乳木果油对肌肤的保湿、滋润性极佳，而且非常容易被吸收。

（3）颜色选择（也可自行调色）。

□黄色 □蓝色 □绿色 □玫红 □红色 □紫色

（4）香味。

□薄荷 □薰衣草 □茉莉 □玫瑰 □其他______

（5）外观形状（可根据提供的模具，自主选择）。

（6）包装设计。

请将你们设计的包装方案列在下方框内（文字或绘图均可）。

（7）其他添加成分。

添加成分	目的

3. 制作手工皂。

（1）材料选择与经费预算。

根据设计的手工皂配方，确定手工皂制作所需的原材料，并筹划经费预算和购买途径的选择，最后以清单的形式整理出来。

	材料名称	购买途径	单价	数量	总价
材料					
合计					

（2）芳香手工皂的制作。

芳香手工皂的制作	
实验器具	烧杯、玻璃棒
主要原料	皂基、基础油、香精与精油
基本步骤	①皂基熔化：将 1 包 500g 的皂基一半倒入 500ml 的烧杯中，加入少量的水，将装有皂基的烧杯置于水浴锅中加热，直至皂基完全融化。 ②添加材料：根据设计的配方，加入材料。材料的顺序依次是基础油、色素、香精或精油。加入材料后，一定要缓慢地搅拌均匀。 ③倒模：将搅拌均匀的皂液倒入模具中。注意倒模一定要缓慢，否则容易产生气泡。 ④脱模：待 24h 后，肥皂完全凝固时，方可脱模。

提醒：剩余的皂液不要浪费，将不同颜色的皂液依次倒入模具，制做成彩虹皂。

（3）包装。

4. 定价。

根据原材料的价格以及制作的肥皂数量，通过小组讨论，为你们组制作的每块手工皂制订价格！

提示：制订价格时，可参考淘宝上同类型的手工皂。

活动小结

通过本活动，我们不仅了解了手工皂的制作方法，而且感受到了芳香植物的广泛应用。

活动评价

评价自己或同伴在制作手工皂活动中的表现。

制作手工皂活动评价表

团队成员	其他成员的评价	活动表现（自评）
学习心得		

活动三 产品使用调查

活动类型

调查　研究

活动时间

4 周

活动概述

同学们自主设计与制作的手工皂，使用起来感觉如何呢？用户能否接受手工皂的香味、颜色、油腻性呢？本活动中，我们一起来设计一份调查问卷，了解手工皂使用者的感受吧！

（一）接受任务

根据以下提示，明确本活动要完成的任务。

1. 明确调查目的、调查对象与调查内容。
2. 设计调查问卷。
3. 分析调查结果。
4. 撰写调查报告。
5. 分享交流。

（二）分配任务

根据上述提示进行任务分工，如下列提示。

手工	分工合作情况	若是个人写出姓名
确定产品调研对象、形式与具体内容	□个人　□小组	
设计调查问卷	□个人　□小组	
组织实践调研活动的开展与数据记录	□个人　□小组	
调研结果的统计、整理与分析	□个人　□小组	
调研报告撰写	□个人　□小组	
交流展示汇报	□个人　□小组	

（三）执行任务

1. 确定调查目的（了解使用者的感受）、调查对象（师生）。

2. 确定调查的具体内容（如可以从颜色和气味、油腻性、价位、包装等方面展开问题设计）。

3. 设计调查问卷。

（1）确定调查对象：老师，家长，还是学生？

（2）设计调查问题：思考调查问卷所要调查的有关手工皂的问题，香型、价位、起泡程度、油腻性等，不妨将你所要调查的问题记录下来。

①您平时使用什么类型的清洁产品？［多选题］

□洗面奶　□香皂　□手工皂　□其他

②您平时是否会尝试不同类型的洁面产品？

□是　□否

③您是否尝试过使用手工皂？

□是　□没有

④您希望手工皂具备哪些功能？［多选题］

□美白　□祛角质　□祛黑头　□保湿

□控油　□抗皱　□祛痘

⑤您希望手工皂具备什么样的香味？［多选题］

□花香型　□木香型　□奶香型　□果香型

4. 展开实际调查活动。

5. 统计分析调查结果，完成调查报告。

调研报告
调查时间：
调查地点：
调查对象：
分工：
具体内容： 1. 调研目的。 2. 调研方法。 （1）调查设计。 （2）资料收集的方法。 （3）抽样方式。 3. 调研数据统计分析。 4. 调研结果。 5. 调研心得。

6. 汇报交流。

活动小结

通过问卷调查，了解手工皂使用者的感受，进而可以帮助同学们找到制作中的不足，后续可以有针对性地改进设计配方。

活动评价

产品使用调查评价标准

评价指标		优秀	良好	一般
产品使用调查	调查问卷的结构与格式	调查问卷的结构与格式完整清晰。	调查问卷的结构与格式较为完整。	调查问卷的结构与格式混乱。
	调查问卷的内容	调查问卷的内容设置合理且有序。	调查问卷的内容设置合理，但是问题之间较为跳跃，联系较少。	调查问卷的内容设置不合理，问题的设计与调查目的不匹配。
	调查活动	调查活动有效且有序。	调查活动较有效，活动时组内较吵闹。	调查活动效率较低，参与度不高。

产品使用调查活动评价表

使用小组：__________ 组长：__________

评价活动	评价指标	表现水平	组 1	组 2	组 3	组 4	组 5
手工皂使用调查	结构与格式	优秀					
		良好					
		一般					
	调查内容	优秀					
		良好					
		一般					
	调查活动	优秀					
		良好					
		一般					
组长签字：							

第三单元
Unit 3

校园芳香植物名录

教室里、校园里，到处都有绿色植物的踪影，它们是美化环境的使者。一些植物虽然很常见，但很多同学对它们一无所知，甚至都不知道它们的名字。

在本活动中，同学们需要对校园内的植物进行调查、分类、统计，挑选出其中的芳香植物，编制植物名录，为每种芳香植物制作二维码。二维码将包含此植物的基本信息、手绘图、相关诗歌和录音。

活动一
校园植物普查

活动类型

调查　统计

活动时间

2 周

活动概述

本活动的主要任务是编写一份校园芳香植物名录，因此同学们需要了解校园里有多少芳香植物，需要对学校内的植物种类进行一次普查。每个小组都会拿到一张校园地图，在上面标有每个组的行动路线，沿着路线调查沿途的植物，并及时拍照、记录植物名称及数量。然后，将调查结果制作成 PPT，在班内交流分享，比一比哪个小组正确识别的植物多。如有不认识的植物，可用形色软件进行识别。完成活动后，同学们应该可以回答以下问题。

校园内植物的种类及每种植物的大致位置。

活动步骤

（一）接受任务

本活动的主要任务是按照校园地图上的路线图，沿途调查植物种类，并做好拍照和记录。

在本活动中，每个小组需要完成以下任务。

1. 认领校园地图。

2. 调查植物种类，为植物拍照，记录其名称、数量及地点。

3. 制作 PPT。

4. 交流分享。

（二）分配任务

请在本组调查区域内，分配好每个人的调查小区域，并在地图上的相应位置写好负责同学的姓名。

提示：尽量根据每个人的自主选择及特长来分配任务。

（三）执行任务

1. 认领地图。

各小组随机认领一份校园地图，地图上标有调查路线。

提示：如遇到不认识的植物，可以利用形色软件进行拍照识别。

2. 调查植物种类。

按照路线图，调查沿途植物种类，并及时做好拍照和记录工作。

植物名称	发现地点	大致数量

3. 制作 PPT。

根据小组调查结果，图文结合，制作 PPT。

4. 交流分享。

将 PPT 在班内交流分享，比一比，哪一组正确识别的植物数量最多。

活动小结

通过本活动，同学们会发现，校园中的植物资源丰富，可能有些植物我们会天天见到，却不认识它们，这就是开展本活动的意义所在。此外，通过本活动获得的植物种类资源库也是开展后续活动的基础。

活动评价

评价自己或同伴在校园植物普查活动中的表现。

校园植物普查活动评价表

<table>
<tr><th>团队成员</th><th>其他成员的评价</th><th>活动表现（自评）</th></tr>
<tr><td></td><td></td><td rowspan="6"></td></tr>
<tr><td></td><td></td></tr>
<tr><td></td><td></td></tr>
<tr><td></td><td></td></tr>
<tr><td></td><td></td></tr>
<tr><td></td><td></td></tr>
<tr><td colspan="3">学习心得</td></tr>
<tr><td colspan="3"></td></tr>
</table>

活动二
植物分类

活动类型

研究　统计

活动时间

2 周

活动概述

在校园植物普查活动中，同学们已经调查统计出了校园内的植物种类。那么其中有多少是芳香植物呢？在本活动中，同学们将对所调查的植物进行分类，找出其中的芳香植物，继而对芳香植物进行分类。完成活动后，同学们便可以回答以下一些问题。

1. 校园内芳香植物的种类。
2. 芳香植物的分类方法。

活动步骤

（一）接受任务

本活动的主要任务是通过小组讨论，将分配到的植物进行分类，找出其中的芳香植物，再将芳香植物按照一定的准则进行分类。

1. 校园植物分类，找出其中的芳香植物。
2. 校园芳香植物的分类。

（二）分配任务

根据下发到本组的植物种类，组内自由分配，每人负责几种植物的分类。

（三）执行任务

1. 找出芳香植物。

组内分工，查找资料，找出其中的芳香植物。

芳香植物	
非芳香植物	

芳香植物：是指具有芳香气味且可提取精油的植物总称。

2. 芳香植物的分类。

查找资料，找出下面这些植物的发香部位，并尝试对芳香植物进行分类。

栀子花　发香部位：______

迷迭香　发香部位：______

柑橘　发香部位：______

肉桂　发香部位：______

我们把芳香植物分为 ________ 类，是按照 ________ 准则进行分类的。

参考资料：
王羽梅．中国芳香植物［M］．北京：科学出版社，2008.

请把本组识别的芳香植物再次进行分类，并将分类结果填写在下表中。

类别	芳香植物

活动小结

通过本活动，同学们找出了校园内的芳香植物，并按照发香部位的不同将它们进行了分类。

活动评价

评价自己或同伴在植物分类活动中的表现。

植物分类活动评价表

<table>
<tr><th>团队成员</th><th>其他成员的评价</th><th>活动表现（自评）</th></tr>
<tr><td></td><td></td><td rowspan="6"></td></tr>
<tr><td></td><td></td></tr>
<tr><td></td><td></td></tr>
<tr><td></td><td></td></tr>
<tr><td></td><td></td></tr>
<tr><td></td><td></td></tr>
<tr><td colspan="3">学习心得</td></tr>
<tr><td colspan="3"></td></tr>
</table>

活动三
制作植物二维码

活动类型

研究　制作

活动时间

3 周

活动概述

通过上述的两个活动，同学们已经找出了校园内的芳香植物，并对它们进行了分类。在本活动中，同学们将为每种芳香植物制作一个“名牌”——植物二维码，包括植物的基本信息、手绘图、相关诗歌以及同学们自己的录音。完成活动后，同学们便可以回答以下问题。

1. 如何使用芳香植物在线学习平台？

2. 如何制作二维码？

活动步骤

（一）接受任务

1. 查找芳香植物的基本信息。

2. 绘制该芳香植物的手绘图。

3. 查找有关该芳香植物的诗歌。

4. 以拟人化的口吻，为该芳香植物撰写一段自我介绍，并进行配音。

5. 利用芳香植物在线学习平台的写文章功能，将上述资料整合，发布至平台。

6. 利用芳香植物在线学习平台的分享功能，生成二维码。

（二）分配任务

根据每个成员的特长，通过团队讨论，合理地分配每项任务。

具体任务	负责人
查找芳香植物基本信息（3 位）	
绘制芳香植物手绘图	
撰写介绍词并配音	
资料整合	

提示：尽量根据每个人的特长来分配任务。

（三）执行任务

1. 请按照以下任务单，完成芳香植物基本信息的查找。

活动	________文字介绍（总字数 500 字以内）		
中文学名		拉丁名	
别名		科名属名	
分布区域			
形态特征	（重点内容，涉及茎、叶、花、果、种子，用自己看得懂的文字描述）		
生活习性	（重点内容，涉及光照、湿度、温度、土壤酸碱度等，用自己看得懂的文字描述）		

（续表）

应用价值	
植物文化	摘录与此芳香植物有关的古诗或现代诗，可以选你最喜欢的一段

提示：请尽量用浅显易懂的语言描述植物的特征。

2. 绘制芳香植物手绘图（自行附纸）。

3. 以拟人化的口吻，为该芳香植物撰写一段自我介绍，并进行配音。

配音词

提醒：请同学们在配音前一定要将稿子读熟。

4. 整合资料，在芳香植物在线学习平台上发布文章。

（1）登录网址：green100.wfl-ischool.cn。

（2）点击登录，输入账号密码（由教师提供）。

（3）登陆后，点击网站右上角的用户名，进入编辑界面。

（4）依次选择左侧的“文章”“写文章”，进入撰写文章界面。

使用方法基本和 word 相同。如需要在文章中插入图片、视频或音频，须先点击“添加媒体”，将文件上传至媒体库后，方能插入文章中。

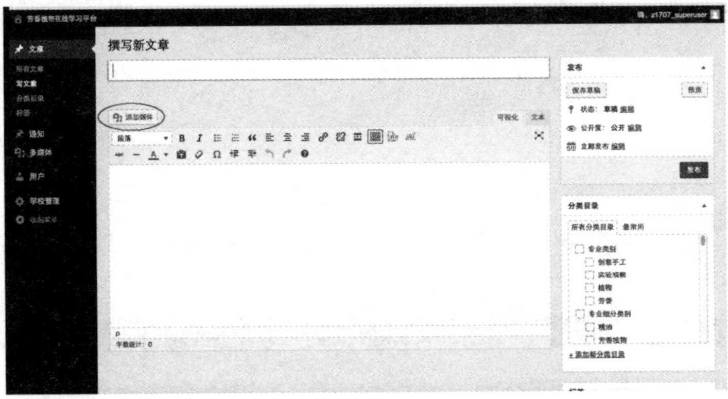

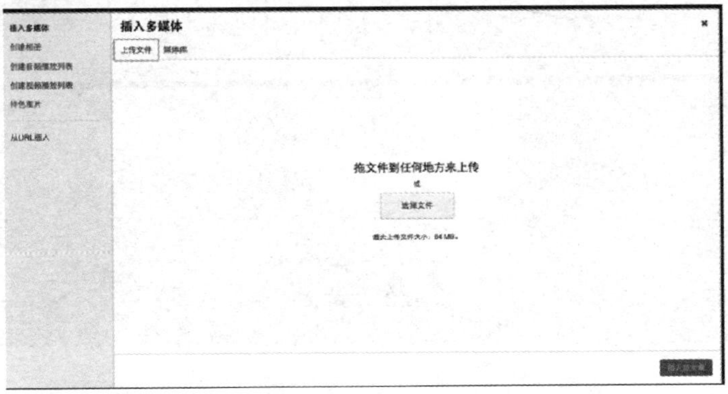

（5）文章编辑完成后，点击右侧的“发布”即可。

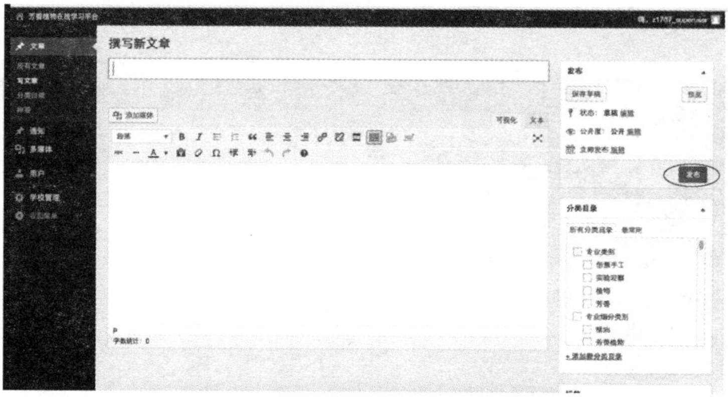

5. 生成二维码。

在芳香植物在线学习平台上找到发布的文章，点击标题下方的“分享”，选择分享到微信，会出现一张二维码的图片，只需另存为图片即可。

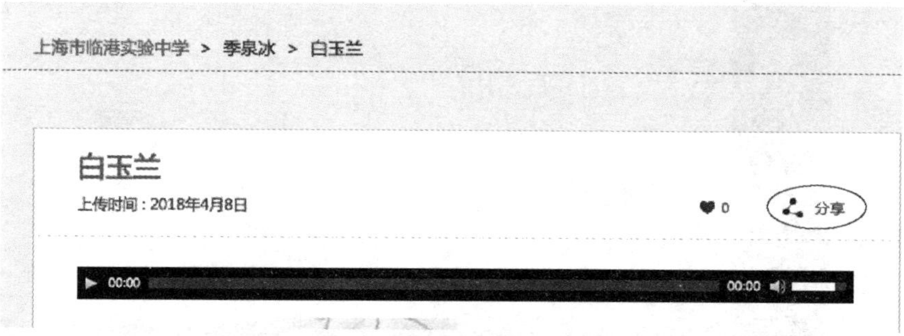

6. 将各个芳香植物的二维码内容整合，形成芳香植物名录。

活动小结

通过本活动，同学们对校园内的芳香植物进行了梳理，加深了对校园内芳香植物的了解。

活动评价

制作芳香植物二维码评价标准

评价指标		优秀	良好	一般
设计图纸	准确性	植物的信息无误，包括文字和图片信息。	植物的相关信息存在少量错误。	图文不符。
	完整性	二维码的内容框架完整清晰。	二维码的内容框架有所遗漏。	二维码的内容框架没有按照要求设计。
	艺术性	排版合理美观，图文并茂。	排版较为合理，有字体大小格式不统一等小问题。	完全复制粘贴任务单表格，排版杂乱。

制作芳香植物二维码活动评价表

使用小组：____________ 组长：____________

评价活动	评价指标	表现水平	组 1	组 2	组 3	组 4	组 5
芳香植物二维码	准确性	优秀					
		良好					
		一般					
	完整性	优秀					
		良好					
		一般					
	艺术性	优秀					
		良好					
		一般					

请写出各组制作的二维码的优点和不足之处：

组 1	
组 2	
组 3	
组 4	
组 5	

第四单元

Unit 4

芳香驱蚊膏

每当夏季来临，各种蚊虫的骚扰让人烦不胜烦，特别是晚上时不时的叮咬让人无法安心入睡。是否有驱赶蚊虫的好方法呢？其实，有些植物会通过叶片、花等组织或器官散发出一些气味或者特殊的化学物质，对人体无害，但能驱赶昆虫。这些具有驱蚊效果的植物中就不乏一些芳香植物。

在本活动中，同学们会一起寻找芳香植物中具有驱蚊效果的种类，并亲自动手设计制作一款芳香驱蚊膏。

活动一 探寻芳香植物中的驱蚊能手

活动类型

研究　学习

活动时间

3 周

活动概述

芳香植物的种类繁多，功能也是多种多样。其中，不少芳香植物具有显著的驱蚊效果，是驱蚊小能手。在本活动中，同学们需要查找资料，找出芳香植物中的这些驱蚊小能手。完成活动后，同学们便可以回答以下问题。

哪些芳香植物能够驱蚊？

活动步骤

（一）接受任务

本活动需要同学们找一找芳香植物中的驱蚊能手，并把查找结果绘制成一张小报。

1. 查找资料，寻找能够驱蚊的芳香植物，并了解其驱蚊原理。
2. 将搜集到的资料绘制成一份小报。
3. 班内交流。

（二）分配任务

根据每个成员的特长，通过团队讨论，合理地分配每项任务。

具体任务	分工合作情况	若是个人写出姓名
	□个人　□小组	
	□个人　□小组	
	□个人　□小组	
	□个人　□小组	
	□个人　□小组	

提示：尽量根据每个人的特长来分配任务。

（三）执行任务

1. 搜寻具有驱蚊效果的芳香植物。

信息记录表

信息来源	网络	关键词：	网　址：
	文献	作者：	期刊号：
	书籍	书名：	

资料汇总表

名称	驱蚊原理

提示：查找到的资料一定要及时记录、整理。

2. 制作小报。

将搜集到的资料整理成一份手绘小报。

3. 班内交流分享。

活动小结

通过本活动，同学们对具有驱蚊效果的芳香植物有所了解了。

活动评价

本活动的评价主要针对各小组绘制的小报。

手绘小报评价标准

评价指标		优秀	良好	一般
手绘小报	内容	内容准确，无科学性错误。	内容较准确，有少量错误。	内容存在较多错误。
	排版	排版美观，字迹清晰。	排版不合理，内容较不清晰。	没有排版，字迹不清。
	美化	美化合理恰当。	美化稍显过度。	毫无美化，只有文字。

探寻芳香植物中的驱蚊能手活动评价表

使用小组：__________ 组长：__________

评价活动	评价指标	表现水平	组 1	组 2	组 3	组 4	组 5
手绘小报	内容	优秀					
		良好					
		一般					
	排版	优秀					
		良好					
		一般					
	美化	优秀					
		良好					
		一般					
组长签字：							

活动二

制作芳香驱蚊膏

活动类型

设计　制作

活动时间

3 周

活动概述

通过活动一，同学们了解了芳香植物中具有驱蚊效果的种类。在本活动中，同学们将自主设计制作一款芳香驱蚊膏。其配方中选取哪些芳香植物，由同学们通过小组讨论决定。

活动步骤

（一）接受任务

本活动的主要任务是通过小组合作，设计并制作一款芳香驱蚊膏。

分解任务
任务 1：查找驱蚊膏的制作方法（如薄荷膏）。 任务 2：设计配方。 任务 3：制作芳香驱蚊膏。

（二）分配任务

根据每个成员的特长，通过团队讨论，合理地分配每项任务。

具体任务	分工合作情况	若是个人写出姓名
	□个人　　□小组	
	□个人　　□小组	
	□个人　　□小组	
	□个人　　□小组	
	□个人　　□小组	
	□个人　　□小组	

提示：尽量根据每个人的特长来分配任务。

（三）执行任务

1. 以薄荷膏为例，查找芳香驱蚊膏的制作方法。

薄荷膏的制作方法

信息来源	网络	文章标题：	网址：
	文献	文章标题：	作者：
	书籍	书籍名称：	
主要原料			
基本原理	植物的很多有效成分都是脂溶性的，因此可以将植物打碎后浸泡在橄榄油中，并用温水水浴，得到含有有效成分的植物浸泡油，其中就包含驱蚊的成分。		
基本步骤			

2. 以查找的薄荷膏的制作方法为例，小组讨论，设计出一款芳香驱蚊膏的配方。

（1）芳香植物的选择。

在芳香驱蚊膏配方中，你们打算加入哪些芳香植物呢？请把你们的设想记录在下面方框内。

（2）请列出配方中的其他仪器和材料清单。

3. 制作芳香驱蚊膏。

（1）材料选择与经费预算。

根据设计的芳香驱蚊膏配方，确定制作所需的原材料，并确定经费预算和购买途径，最后以清单的形式整理出来。

芳香驱蚊膏预算表

	材料名称	购买途径	单价	数量	总价
材料					
合计					

（2）芳香驱蚊膏的制作。

芳香驱蚊膏的制作

实验器具	
主要原料	
基本步骤	（例如，①将新鲜植物的叶子洗净，搅拌研磨）

4. 成品交流分享。

制作结束后，或许有的小组的芳香驱蚊膏很成功，或许有的小组制作的芳香驱蚊膏不尽如人意。请各小组代表在班内交流本组的制作经验，包括制作材料、添加比例等。

活动小结

通过本活动，同学们利用一些芳香植物具有的驱蚊功能，制作了芳香驱蚊膏。其实，在驱蚊膏中添加不同类型的植物及添加的量，都会影响驱蚊膏的驱蚊效果。那么，如何来检验驱蚊膏的驱蚊效果呢？

活动评价

评价自己或同伴在制作芳香驱蚊膏活动中的表现。

制作芳香驱蚊膏活动评价表

团队成员	其他成员的评价	活动表现（自评）
学习心得		

第五单元

Unit 5

家庭香草坊

随着生活水平的提高和生活观念的转变，人们越来越愿意在家里养养花、种种草。芳香植物，作为一种既可以美化环境、净化空气，又可以调节心情，甚至可以直接拿来食用的植物，深受人们喜爱。

本活动中，同学们将亲自设计并布置家庭香草种植区域，为家庭建造一个温馨快乐、芳香四溢的香草坊。

活动一
认识家庭园艺

活动类型

设计

活动时间

2 课时

活动概述

通过书籍，或借助网络，查找资料，了解家庭园艺的起源与发展历史，了解家庭园艺的常见类型，如庭院园艺、室内园艺、阳台园艺等；参观家庭园艺展，了解家庭园艺的设计理念与设计风格。活动结束时，同学们便可以回答以下问题。

1. 什么是家庭园艺？家庭园艺包含哪些类型？
2. 家庭园艺的起源、发展与现状。

活动步骤

（一）接受任务

1. 认识什么是家庭园艺，了解家庭园艺的具体类型。
2. 了解家庭园艺的发展历史与现状。
3. 尽可能地去参观一些家庭园艺展，从中获取灵感。
4. 活动最后，进行分享交流，促进小组之间的相互学习。

家庭园艺：是指在室内、阳台、屋顶或庭院等空间范围内，从事园艺植物栽培和装饰的活动。

（二）分配任务

为了更好地完成任务，同学们需要分工合作，完成以下内容的学习。

主要任务	主要负责成员
资料查找与搜集	
资料整理	
PPT 制作	
演讲汇报	

提示：对于一些重要的活动，比如资料的查找与整理，需要小组全员参与，通过头脑风暴和集体讨论，才能形成统一的认识。

（三）执行任务

1. 了解家庭园艺的发展历史。

同学们可以从以下几个方面进行资料查找与内容整理。

思考角度	具体内容
我国家庭园艺的发展历史	
国外家庭园艺的发展历史	
家庭园艺的应用现状与展望	

参考资料：
亨迪，奈克若尔德，奥利维，等.《家庭园艺百科》[M]. 徐静，鲁芬，译 . 北京：北京美术摄影出版社，2015.

2. 了解家庭园艺的常见类型及其主要特点。

常见家庭园艺类型	主要特点
阳台园艺	
庭院园艺	
室内园艺	
屋顶园艺	

3. 参观家庭园艺展。

如有机会，可以去参观一些家庭园艺展，从而开拓视野，获取灵感。

4. 交流汇报。

在完成任务的基础上，每个小组需要将自己所获得的知识进行分享交流，可以制作 PPT 进行演讲汇报，也可以制作成小报进行交流展示。

活动小结

了解家庭园艺的起源、发展与应用，有利于帮助同学们开拓视野，为后续活动做准备。

活动评价

分享交流评价标准

评价指标		优秀	良好	一般
分享交流	展示内容	内容丰富充实，思路通畅，层次清晰，结构完整严密，书写内容详略得当。	内容较为丰富，注意到书写内容的详略安排，思路连贯，层次较清楚，结构完整。	按所要求板块书写，内容基本到位。思路不够清晰，不能清楚展示活动内容。
	语言表达	声音响亮，用语流畅规范，口齿清晰。	声音较为响亮，用语基本流畅规范，口齿清晰。	声音较小，用语基本通顺，口齿不清。
	仪表仪态	衣着整洁、大方得体，表情自然，与观众有良好的眼神交流。	衣着整洁，表情自然，有与观众的良性互动。	衣着整洁，表情拘谨，与观众缺乏交流互动。

分享交流评价表

使用小组：______________ 组长：______________

评价活动	评价指标	表现水平	组 1	组 2	组 3	组 4	组 5	建议
分享交流	展示内容	优秀						
		良好						
		一般						
	语言表达	优秀						
		良好						
		一般						
	仪表仪态	优秀						
		良好						
		一般						
组长签字：								

活动反思表

本活动带给我们的最大收获是：
活动中，我们表现最棒的地方是：
需要我们积极改进的地方有：
如果再进行一次这样的活动，我们将在以下方面进行调整和改进：

活动二
设计家庭香草坊

活动类型

设计　制作

活动时间

2 课时

活动概述

在动手建造家庭香草坊之前，先要考虑好自家香草坊的设计风格与主要用途，有了思考之后再开始建造符合自己心意的香草坊。同学们可以从以下角度来思考家庭香草坊的设计思路。

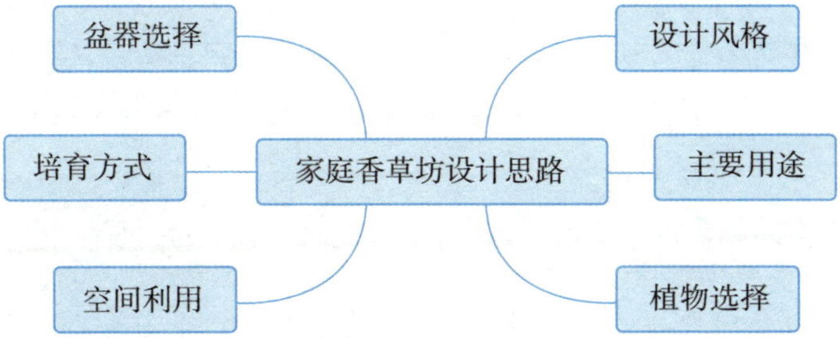

活动步骤

（一）接受任务

1. 设计自己家的家庭香草坊。

小组同学需集思广益，展开头脑风暴，讨论并完成家庭香草坊的设计方案。

2. 交流展示，相互学习。

小组代表进行设计方案的展示，以促进小组之间的相互学习。

家庭香草坊：指家庭室内、阳台、屋顶或庭院等家庭芳香植物的种植区域和摆放区域。

（二）分配任务

为了更好地完成任务，同学们可以分工合作。

任务分配	负责人
资料查找	
方案设计	
图纸绘制	
交流分享	
……	

（三）执行任务

1. 设计方案的确定。

查找资料，学习家庭园艺的设计思路与设计方法，开展头脑风暴，讨论家庭香草坊的设计方案，可以借助思维导图来思考家庭香草坊的设计思路，如从主要用途、空间利用、植物搭配、盆器选择、培育方式等角度进行思考。

思维导图绘制区

提示：同学们可以借助 XMind 软件进行思维导图的设计与绘制。

2. 绘制设计图。

根据家庭房屋实际情况，尝试绘制设计图，将你所想要的家庭香草坊的效果图表达出来。

思考的角度	设计草图
空间选择 植物类型 培育方式 盆器选择 悬挂或落地 ……	

3. 分享交流。

选择合适的方式，展示你们的设计思路。

活动小结

在本活动中，同学们要广泛查找资料，集思广益，充分发挥自己的想象力进行方案设计。

活动评价

设计图评价标准

评价指标		优秀	良好	一般
设计图纸	准确性	能清楚表达空间利用、植物选择、种植方式等各种信息与设计思路。	能较为清楚地表达设计思路，但内容不够具体细致。	从设计图中基本看不出设计思路。
	完整性	思考全面，从多角度考虑设计方案。	考虑不太周全，信息反映不完整。	反映不出设计的具体信息。
	艺术性	排版合理、美观，图文并茂。	排版较为合理，有字体大小格式不统一等小问题。	完全复制粘贴任务单表格，排版杂乱。

分享交流评价标准

评价指标		优秀	良好	一般
分享交流	展示内容	内容丰富充实，思路通畅，层次清晰，结构完整严密，书写内容详略得当。	内容较为丰富，注意到书写内容的详略安排，思路连贯，层次较清楚，结构完整。	按所要求板块书写，内容基本到位。思路不够清晰，不能清楚展示活动内容。
	语言表达	声音响亮，用语流畅规范，口齿清晰。	声音较为响亮，用语基本流畅规范，口齿清晰。	声音较小，用语基本通顺，口齿不清。
	仪表仪态	衣着整洁、大方得体，表情自然，与观众有良好的眼神交流。	衣着整洁，表情自然，有与观众的良性互动。	衣着整洁，表情拘谨，与观众缺乏交流互动。

设计家庭香草坊活动评价表

使用小组：____________ 组长：____________

评价活动	评价指标	表现水平	组1	组2	组3	组4	组5	建议
设计图纸	准确性	优秀						
		良好						
		一般						
	完整性	优秀						
		良好						
		一般						
	艺术性	优秀						
		良好						
		一般						
分享交流	展示内容	优秀						
		良好						
		一般						
	语言表达	优秀						
		良好						
		一般						
	仪表仪态	优秀						
		良好						
		一般						
组长签字：								

活动反思表

本活动带给我们的最大收获是：
活动中，我们表现最棒的地方是：
需要我们积极改进的地方有：
如果再进行一次这样的活动，我们将在以下方面进行调整和改进：

活动三 布置家庭香草坊

活动类型

制作

活动时间

3 课时

活动概述

在设计好方案之后，开始准备工作，如土壤、盆器等的选择与购买，植物的选择、种植与养护方法的学习等，然后就可以动手建造自己家的香草坊了。活动结束时，大家必须布置出自己满意的家庭香草坊。

活动步骤

（一）接受任务

1. 根据你的设计方案，选购必要的材料。
2. 进行植物的种植与家庭香草坊布置。
3. 进行交流展示。

家庭园艺：是指在室内、阳台、屋顶或庭院等空间范围内，从事园艺植物栽培和装饰的活动。

（二）分配任务

为了更好地完成任务，同学们需要分工合作。

主要任务	主要负责成员
芳香植物的选择	
经费预算与材料购买	
……	

（三）执行任务

1. 芳香植物的选择。

常见家庭种植（芳香）植物	主要功能和用途

参考资料：

亨迪，奈克若尔德，奥利维，等 . 家庭园艺百科［M］. 徐静，鲁芬，译 . 北京：北京美术摄影出版社，2015.

2. 材料购买与经费预算。

所需材料	购买途径	经费预算

3. 学习芳香植物的常用栽培技术。

栽培技术	操作方法与要点
播种育苗	
扦插繁殖	
整形修剪	
浇水施肥	
病虫害防治	

4. 动手实践。

进行家庭香草坊的种植与布置，必要时可以请家长帮忙。

5. 交流展示。

活动最后，同学们可以将自己布置的家庭香草坊进行拍照，并从设计理念、植物选择、空间利用等多方面进行展示交流，可以制作成 PPT 进行汇报，也可以制作成小报进行展示。

活动小结

芳香植物在生活中有非常广泛的应用，在家庭香草坊的布置过程中，同学们不仅可以学习芳香植物的种植方法，还可以了解芳香植物的应用价值。

活动评价

分享交流评价标准

评价指标		优秀	良好	一般
分享交流	展示内容	内容丰富充实，思路通畅，层次清晰，结构完整严密，书写内容详略得当。	内容较为丰富，注意到书写内容的详略安排，思路连贯，层次较清楚，结构完整。	按所要求板块书写，内容基本到位。思路不够清晰，不能清楚展示活动内容。
	语言表达	声音响亮，用语流畅规范，口齿清晰。	声音较为响亮，用语基本流畅规范，口齿清晰。	声音较小，用语基本通顺，口齿不清。
	仪表仪态	衣着整洁、大方得体，表情自然，与观众有良好的眼神交流。	衣着整洁，表情自然，有与观众的良性互动。	衣着整洁，表情拘谨，与观众缺乏交流互动。

布置家庭香草坊交流展示评价表

使用小组：____________ 组长：____________

评价活动	评价指标	表现水平	组 1	组 2	组 3	组 4	组 5	建议
分享交流	展示内容	优秀						
		良好						
		一般						
	语言表达	优秀						
		良好						
		一般						
	仪表仪态	优秀						
		良好						
		一般						
组长签字：								

活动反思表

本活动带给我们的最大收获是：
活动中，我们表现最棒的地方是：
需要我们积极改进的地方有：
如果再进行一次这样的活动，我们将在以下方面进行调整和改进：

活动四
探究植物的生长习性

活动类型

实验

活动时间

6 课时

活动概述

在生活中，不知你是否注意到，植物会朝向有光的一侧生长；放在土壤或水中的枝条一段时间后就会自动长出根须；植物需要适时修剪，才会长得枝繁叶茂。这些都是植物的生长习性。学习并了解植物的生长习性，有助于我们更好地养护它们。

本活动中，同学们将以植物的向光生长实验为例，学习实验设计的基本原则、科学探究的基本流程、研究报告的写作方法等。活动结束后，同学们将掌握以下技能。

1. 实验设计的基本原则。
2. 科学探究的基本流程。
3. 实验报告的写作方法。
4. 初步形成观察事物、提出问题的意识。

活动步骤

（一）案例——探究光照对植物生长方向的影响

1. 问题的提出。

在窗台上种植植物时，同学们会发现，植物总是向着窗外一侧弯曲生长，这是为什么呢？

2. 作出假设。

因为窗外光照较强，因此作出“植物的生长方向受光照影响”的假设。

3. 设计实验。

以下是同学们设计的实验方案，即将两组植物分别放在暗盒中，其中的一个暗盒一侧开有小孔。

4. 实施实验（实验步骤）。

暗箱

暗箱（一侧开孔）

（1）选取大小相同的四个培养皿，分为 A、B 两组。

（2）在培养皿中铺入薄厚相同的一层脱脂棉。

（3）取等量的小麦种子（或其他种子），整齐地摆放在两组培养皿中。

（4）浇入等量的水。

（5）取四个暗盒，其中的两个暗盒在一侧开有小孔，A 组培养皿罩上不开孔的暗盒，B 组培养皿罩上开孔的暗盒。

（6）将两组培养皿放置在相同环境中培养，每天观察并记录植物的生长情况。

5. 实验现象与结果分析。

实验发现，全黑暗盒中的植物直

科学探究的基本流程：

提出问题 → 作出假设 → 设计实验 → 实施实验 → 分析数据 → 得出结论 → 发现新问题 →（返回）提出问题

立生长，叶片发黄；开孔暗盒中的植物弯向小孔方向生长，叶片呈绿色。因此得出，植物有向光生长的特性。

6. 问题分析。

实验中还发现，发芽的小麦种子引来一群蚂蚁；黑暗环境中的小麦叶片会发黄；部分同学未及时记录实验现象，影响了实验的最佳观察时间。

7. 新的问题。

（1）黑暗中的叶片为什么发黄？

（2）蚂蚁为什么喜欢啃食发芽的小麦种子？

实验设计的基本原则：

①对照原则：如实验中取两组培养皿，一组全黑暗（对照组），一组有单侧光（实验组）。

②单一变量原则：实验中除了光照不同，其他条件均应保持一致，包括温度、种子数量、培养时间、浇水多少等。

③平行重复原则：如实验中A组、B组均有两个培养皿（平行组），每个培养皿中种子数量也足够多，且本实验可以重复进行。

（二）实验报告撰写与交流分享

1. 报告写作。

实验名称	
小组成员	
实验目的	
实验原理	
实验材料	

（续表）

实验过程与方法	
实验现象与数据记录	
实验结论	
问题分析与反思	

2. 分享交流。

制作PPT，将科学探究过程、实验方法与探究结果展示出来，与同学们分享。

图为某学生撰写的实验报告。

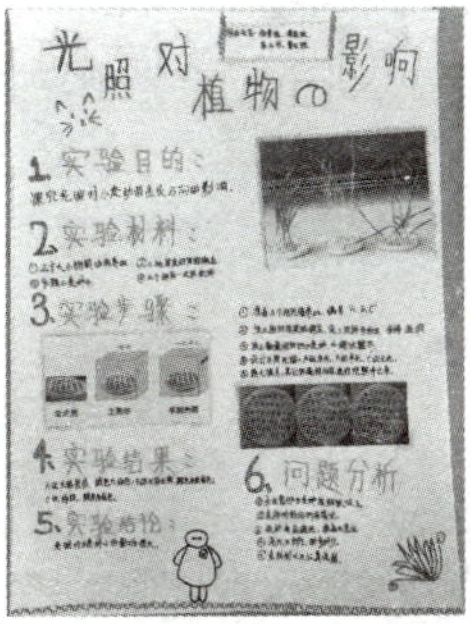

实验报告

（三）拓展探究

（1）植物枝条为什么在水中浸泡一段时间后会生根？

（2）植物为什么修剪后反倒长得枝繁叶茂？

（3）同学们也可以结合自己观察到的现象进行探究。

提示：可以按照上述科学探究的流程进行探索研究，在此过程中同学们要查阅大量资料。

活动小结

在平时的实践活动中，同学们要注意留心身边的事物与现象，主动提出问题进行科学探究，因为在不断的实践过程中会发现更多的问题，而在解释和解决各种实际问题的过程中才能学到更多的知识。

活动评价

探究植物的生长习性实验报告评价标准

评价指标		优秀	良好	一般
实验报告	科学性	实验报告中的科学术语使用准确；实验设计思路与方法得当，实验数据与实验现象有说服力，实验结果清晰。	实验报告中的科学术语使用较为准确；实验设计思路与实验方法选择较为得当，实验数据或实验现象证据不足，实验结论较为模糊。	实验报告中的科学术语使用不恰当；实验方法不当，实验数据不充分，未能得出预期的结论。
	完整性	实验报告结构完整，实验步骤表达清晰。	实验报告结构完整，实验步骤表达较为清晰。	实验报告结构不完整，且实验步骤表达不清晰。
	条理性	文字表达有条理，语言清楚，思路清晰。	文字表达条理性不强，语言不流畅，思路不够清晰。	语言表达与思路都不清楚，文字较少。

分享交流评价标准

评价指标		优秀	良好	一般
分享交流	展示内容	内容丰富充实，思路通畅，层次清晰，结构完整严密，书写内容详略得当。	内容较为丰富，注意到书写内容的详略安排，思路连贯，层次较清楚，结构完整。	按所要求板块书写，内容基本到位。思路不够清晰，不能清楚展示活动内容。
	语言表达	声音响亮，用语流畅规范，口齿清晰。	声音较为响亮，用语基本流畅规范，口齿清晰。	声音较小，用语基本通顺，口齿不清。
	仪表仪态	衣着整洁、大方得体，表情自然，与观众有良好的眼神交流。	衣着整洁，表情自然，有与观众的良性互动。	衣着整洁，表情拘谨，与观众缺乏交流互动。

探究植物的生长习性实验报告与分享交流评价表

使用小组：____________ 组长：____________

评价活动	评价指标	表现水平	组 1	组 2	组 3	组 4	组 5	建议
实验报告	科学性	优秀						
		良好						
		一般						
	完整性	优秀						
		良好						
		一般						
	条理性	优秀						
		良好						
		一般						
分享交流	展示内容	优秀						
		良好						
		一般						
	语言表达	优秀						
		良好						
		一般						
	仪表仪态	优秀						
		良好						
		一般						
组长签字：								

自我评价表

问题	自评
是否清楚了科学探究的基本流程?	
是否掌握了实验设计的基本原则?	
能否撰写简单的实验报告?	

活动反思表

本活动带给我们的最大收获是:
活动中，我们表现最棒的地方是:
需要我们积极改进的地方有:
如果再进行一次这样的活动，我们将在以下方面进行调整和改进:

第六单元
Unit 6

芳香护手霜的制作

随着秋冬季节的到来，天气越来越干燥寒冷，经常裸露在外面的手部皮肤也容易变得粗糙干燥，而护手霜是一种能愈合及抚平肌肤裂痕，能够有效预防及治疗秋冬季手部粗糙干裂的护肤产品。

本活动中，同学们会通过查找资料，了解护手霜的相关知识，如护手霜的功能、常见类型、主要成分等；通过设计调查问卷，了解父母或朋友喜欢的护手霜类型，包括护手霜的功能、香型、包装、价位等；通过亲手实践，探索芳香护手霜的制作方法；通过实践调研，检验芳香护手霜的品质与欢迎度，最终将亲手制作的芳香护手霜送给亲人、老师或朋友。

活动一

认识护手霜

活动类型

研究

活动时间

2 课时

活动概述

市场上的护手霜五花八门，成分不同，功效也略有侧重点。那么，护手霜有哪些常见类型？其功能和成分是什么？又是怎么制作出来的呢？本活动中，同学们需要针对以上问题展开探究。

同学们可以通过调查研究或查找资料，了解与护手霜有关的知识。活动结束后，同学们便可以回答以下问题。

1. 护手霜有哪些常见的类型？

2. 护手霜制作的原理与方法？

活动步骤

（一）接受任务

本活动的主要任务是认识护手霜，通过小组合作和自主探究，最终了解并学习护手霜的相关知识。

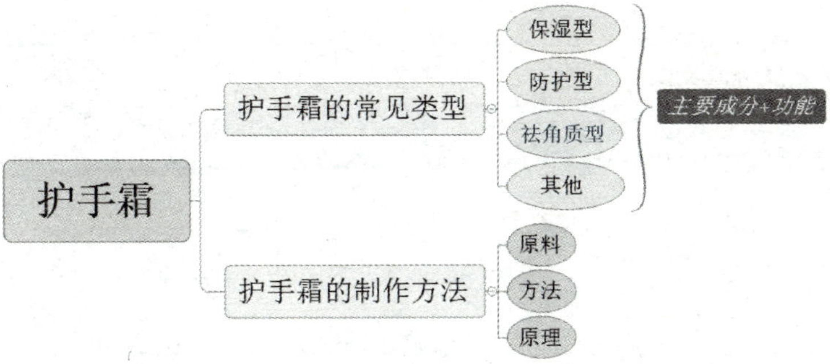

（二）分配任务

具体任务	分工合作情况	若是个人写出姓名
	□个人　□小组	
	□个人　□小组	
	□个人　□小组	
	□个人　□小组	
	□个人　□小组	
	□个人　□小组	

（三）执行任务

1. 了解常见护手霜的类型、功能及其主要成分。

生活中，同学们可以看见很多护手霜，价格不同，包装各异，功效也各不相同，那么常见的护手霜究竟有哪些类型？其功效与成分之间又有什么关系呢？同学们可以借助网络，也可以走进商店，去调查和统计不同护手霜的不同功效及其成分，并用表格的形式将调查结果整理出来。

护手霜品牌或类型	主要成分	功效

2. 了解护手霜的制作方法。

同学们可以借助网络进行文献查找，也可以走访化妆品研发机构或生产厂家，了解并学习护手霜的制备过程及制备方法，也可以通过网上的一些护手霜 DIY 材料包来研究简易护手霜的制作方法，然后将获取的信息整理并记录下来，在班上与同学们分享。

护手霜的制作方法

<table>
<tr><td rowspan="3">信息来源</td><td>网络</td><td>关键词：</td><td>网址：</td></tr>
<tr><td>文献</td><td>作者：</td><td>期刊号：</td></tr>
<tr><td>实地考察</td><td>地点：</td><td>考察形式：</td></tr>
<tr><td>主要原料</td><td colspan="3"></td></tr>
<tr><td>基本原理</td><td colspan="3">油和水在乳化剂的作用下可得到乳化膏体，再加入一定的保湿、滋养或芳香成分，即可制得护手霜。</td></tr>
<tr><td>基本步骤</td><td colspan="3"></td></tr>
</table>

3. 交流分享。

活动小结

通过本活动，同学们对护手霜的功能及制作方法有了初步的认识，为后续护手霜的制作奠定了一定的基础。

活动评价

活动结束后，同学们可以对自己在本活动中的表现进行反思。

活动反思表

本活动中，我收获最多的是：
与同学的交流中，我发现的问题是：
需要改进的地方有：

活动二
需求调研

活动类型

调查

活动时间

4 课时

活动概述

不同职业、不同年龄、不同肤质的人，对护手霜的要求也不同。同学们想把护手霜送给谁？他们对护手霜有什么样的要求和喜好？为此，同学们在本活动中要展开调查问卷的设计、调研和统计等工作。活动结束时，同学们便可以回答以下问题。

1. 不同人群对护手霜的需求有哪些差别？
2. 是否掌握了问卷调查的基本方法和流程？

活动步骤

（一）接受任务

下图列出了本活动的活动流程和所要解决的问题，供同学们参考。

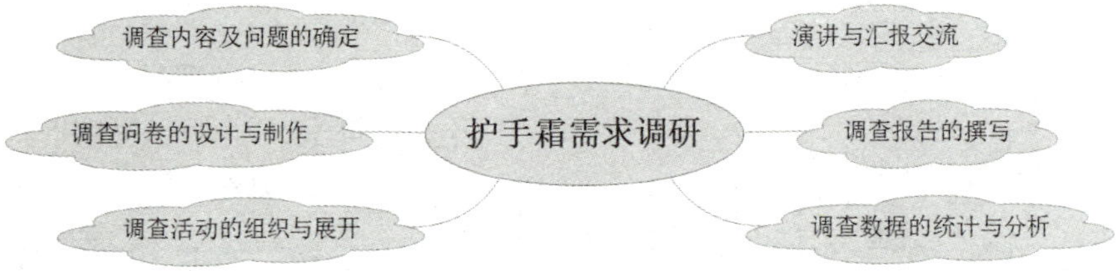

（二）分配任务

根据每个成员的特长和上述具体任务，通过团队讨论，合理分配任务。

具体任务	分工合作情况	若是个人写出姓名
	□个人　□小组	
	□个人　□小组	
	□个人　□小组	
	□个人　□小组	
	□个人　□小组	
	□个人　□小组	

（三）执行任务

1. 设计调查问卷。

（1）确定调查对象：老师，家长，还是学生？

（2）设计问题内容：思考所要调查的关于护手霜的问题，如香型、价位、质感、功效等，不妨将所要调查的问题记录下来。

问卷名称	
小组成员	
问题设计	

调查问卷一般包括前言、指导语、主体、结语四个部分。

前言：即开场白，是对调查的目的、意义及有关事项的说明，要简明扼要。

指导语：是用来指导被调查者填写问卷的各种解释和说明。

问卷主体：包括调查的问题和回答的方式等内容，是问卷的主要组成部分。

结束语：再次对被访者表示十分感谢。

2. 生成调查问卷。

建议使用问卷星等网络平台进行调研，既方便快捷，又有利于数据的统计与分析。

问卷星是一个专业的在线问卷调查、测评、投票平台，专注于为用户提供功能强大、人性化的在线设计问卷、采集数据、自定义报表、调查结果分析系列服务。与传统调查方式和其他调查网站或调查系统相比，问卷星具有快捷、易用、低成本的明显优势。

3. 展开调研。

利用问卷星生成的二维码或链接，可以进行大范围调研。

4. 统计分析。

借助问卷星的交叉分析功能，可以进行关联问题的分析，比如不同年龄段人群对护手霜功能的需求，还可以按照需求生成不同的图标统计图。

5. 撰写调查报告。

调查报告主题	
研究背景	
调查目的	
调查情况说明	
调研结果分析（图标 + 文字）	

调查报告基本内容是：调查背景、调查目的、问卷发放 / 回收情况、调研结果分析（重难点——采用图表分析）。

活动小结

通过问卷调查，了解不同人群对护手霜的需求和喜好，为后续有针对性地制作护手霜奠定基础。

活动评价

需求调研调查问卷与调查报告评价标准

评价指标	评价内容	优秀	良好	一般
调查问卷	结构与格式的完整性	调查问卷的结构与格式完整，符合调查问卷设计的基本要求。	调查问卷的结构与格式较为完整，符合调查问卷设计的基本要求。	调查问卷的结构与格式不符合调查问卷设计的基本要求。
	调查内容的科学性	调查问卷的具体内容科学合理，受访者易于回答，指向性强，能为活动服务。	问卷的问题较为明确，受访者易于回答，指向性较强，能为活动服务。	问卷内容存在与研究目的不符的现象，指向性不太明确。
	调查活动的有效性	展开实际调研活动，样本数量足够，问卷质量和回收率高；数据统计与结果分析准确到位。	样本数量较为充足，问卷质量和回收率较高；数据统计与结果分析较准确。	样本数量不充足；数据统计与结果分析不够准确。
调查报告	结构完整	调查报告撰写结构完整，表达清晰，内容正确，合理使用数据统计工具。	调查报告撰写结构完整，表达较为清晰，内容正确。	调查报告撰写结构不够完整，表达不清晰，内容基本正确。
	分析到位	数据准确，分析到位，能直观反映调查结果。	数据准确，分析较为到位，能反映调查结果。	数据与分析不够清晰，调查结果不够明确。
	汇报交流	能准确明了地表达调查结果。	能较为简单明了地表达调查结果。	演讲汇报含糊不清。

需求调研调查问卷与研究报告评价表

使用小组：____________ 组长：____________

评价活动	评价指标	表现水平	组 1	组 2	组 3	组 4	组 5	建议
调查问卷	结构与格式的完整性	优秀						
		良好						
		一般						
	调查内容的科学性	优秀						
		良好						
		一般						
	调查活动的有效性	优秀						
		良好						
		一般						
调查报告	结构完整	优秀						
		良好						
		一般						
	分析到位	优秀						
		良好						
		一般						
	汇报交流	优秀						
		良好						
		一般						
组长签字：								

活动反思表

本活动中，我收获最多的是：
与同学的交流中，我发现的问题是：
需要改进的地方有：

活动三

制作芳香护手霜

活动类型

设计　制作

活动时间

4 课时

活动概述

在本活动中，同学们将亲自动手，进行芳香护手霜的制作。活动结束后，同学们要掌握以下知识与技能。

1. 芳香精油的蒸馏提取方法。

2. DIY 芳香护手霜的制备方法。

活动步骤

（一）接受任务

下图为本活动的流程和要解决的问题，根据图标内容，思考本活动要完成的任务。

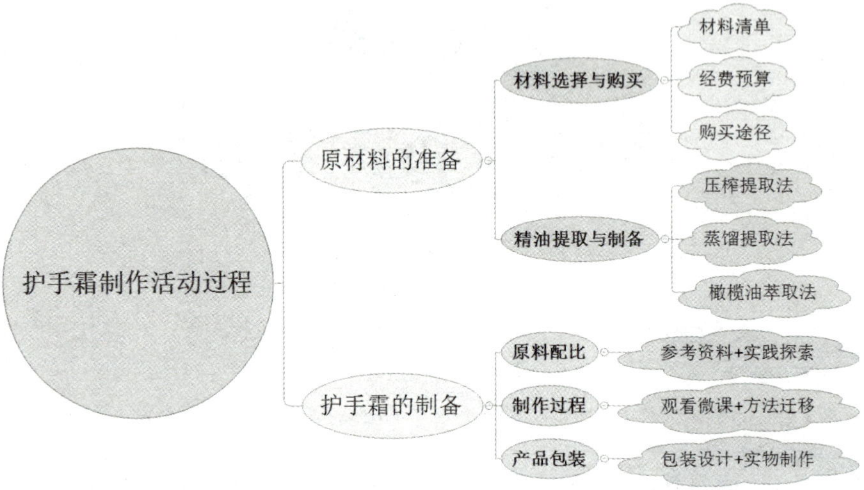

（二）分配任务

根据上述任务，合理分工。

具体任务	分工合作情况	若是个人写出姓名
	□个人　　□小组	
	□个人　　□小组	
	□个人　　□小组	
	□个人　　□小组	
	□个人　　□小组	
	□个人　　□小组	

（三）执行任务

1. 原材料准备。

（1）材料选择与经费预算。

根据选定的护手霜类型，确定护手霜制作所需的原材料，并确定经费预算和购买途径，最后以清单的形式整理出来。

芳香护手霜制作预算表

	材料名称	购买途径	单价	数量	总价
材料					
合计					

（2）精油的提取与制备——芳香精油蒸馏提取法（以薰衣草干花有机溶剂蒸馏法为例）。

称取 10g 薰衣草干花，于 250mL 平底烧瓶中加入正已烷 75mL，在水浴锅中进行加热回流提取。提取温度为 70℃，提取时间为 1h。取出冷却至室温，过滤。

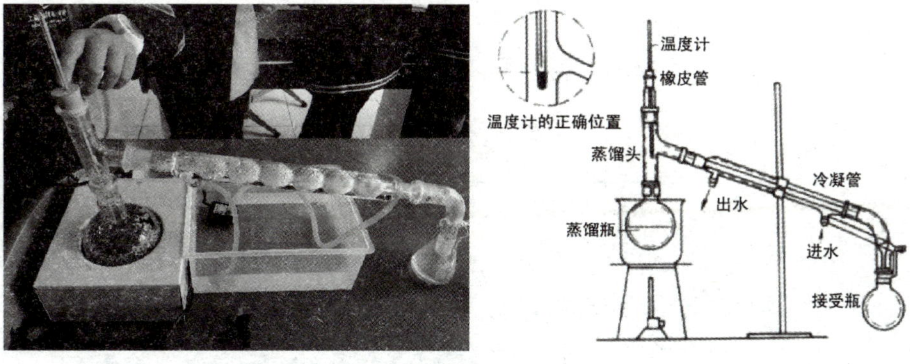

蒸馏装置

滤出提取液置于 500mL 圆底烧瓶（旋转蒸发仪上使用的烧瓶）中，在 -0.80Mpa 和 40℃ ~ 45℃的条件下进行旋转蒸发浓缩到小体积，回收溶剂，挥尽溶剂，即可得到薰衣草精油。

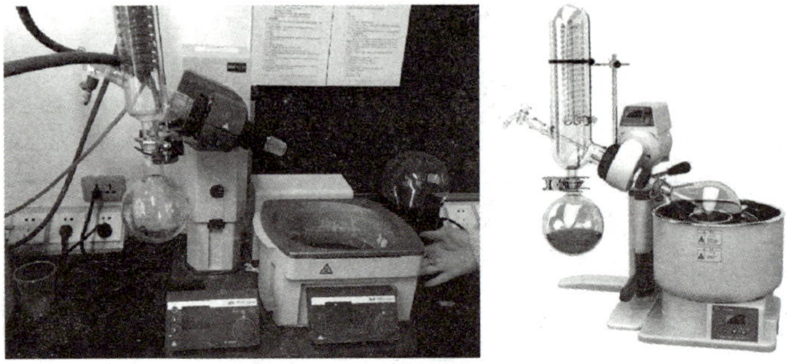

旋转蒸发仪

（3）芳香浸泡油的制备。

用橄榄油浸泡芳香植物 2 至 3 个星期，可获得具有芳香成分的浸泡油，可作为芳香护手霜制备时的基础油使用。

制备芳香浸泡油

2. DIY 芳香护手霜的制备过程。

DIY 制作保湿型护手霜

实验器具	烧杯、玻璃棒、小刮铲、玻璃瓶、剪刀
主要原料	桂花浸泡油、玫瑰浸泡油、茉莉花浸泡油等芳香浸泡油，甘油，玻尿酸，氨基酸保湿剂，抗菌剂，乳化剂，维生素 E，芳香精油，纯净水，酒精（乙醇）。
基本步骤	（1）容器消毒：用酒精将玻璃小瓶和瓶盖进行消毒，并晾干备用。 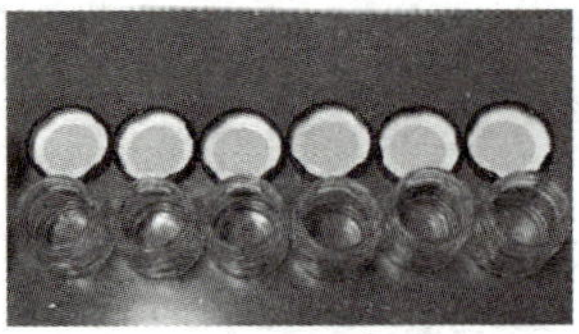

（续表）

基本步骤	（2）混合原料：将芳香浸泡油（50ml）、甘油（20ml）、玻尿酸（20g）、氨基酸保湿剂（6g）、抗菌剂（2ml）依次倒入烧杯中，再加入纯净水或（蒸馏水）250ml，用玻璃棒搅拌至均匀，大约需要5分钟。  混合原料 （3）乳化：将乳化剂慢慢加入烧杯中的混合物中，边加入边搅拌。注意观察是否乳化得充分细腻，如果不够再继续添加乳化剂，继续搅拌，直至乳化得足够细腻均匀。大约需10分钟。 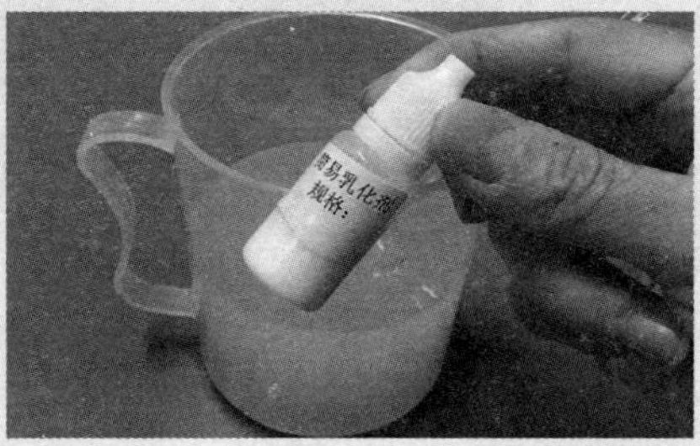 乳化 （4）加维生素E与芳香精油：刺破并滴入维生素E，3粒一起加入，再滴加个人喜欢的芳香精油（用量依个人喜好添加），然后搅拌均匀，护手霜膏体基本制作完成。  加维生素E与芳香精油

（续表）

基本步骤	（5）分装：用小刮铲将制作好的护手霜膏体加入玻璃小瓶中，然后用玻璃棒轻轻搅拌，让膏体充分均匀分布于容器中，盖好瓶盖。  分装 （6）成品。 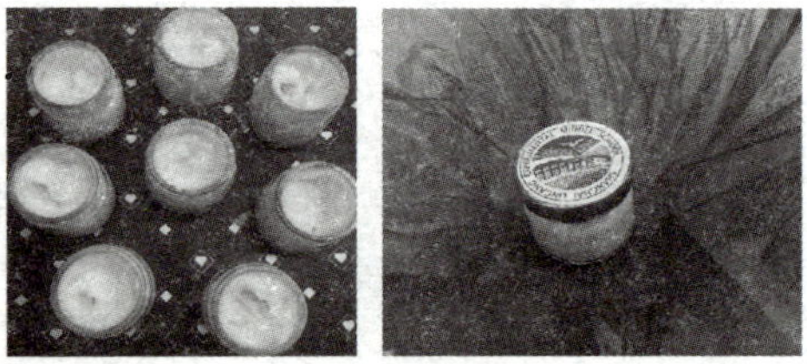 成品

3. 包装制作与 logo 设计。

（1）测量容器大小。

（2）制作包装盒。

（3）进行 logo 设计。

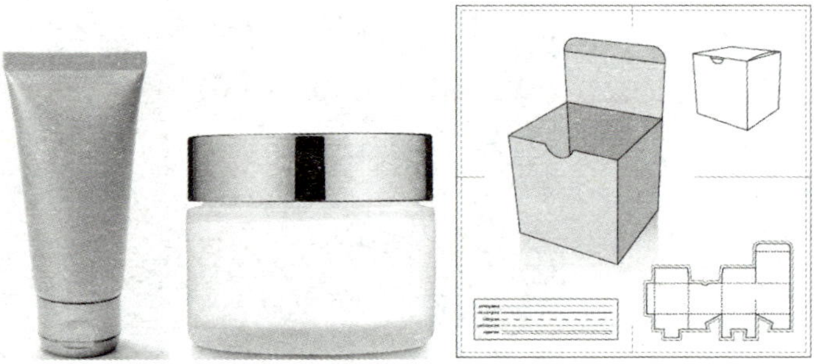

包装设计与制作

活动小结

通过精油提取、护手霜制作以及包装设计等一系列活动，同学们体验了芳香护手霜的制作工艺与流程。

活动评价

制作芳香护手霜活动评价标准

评价指标	具体内容	优秀	良好	一般
实践与创新能力	动手实践与问题解决能力	有很强的动手实践能力，遇到问题会选择合适的方式进行解决。	动手能力较强，遇到问题会寻找解决办法或寻求帮助。	动手能力较弱，遇问题依赖性较强。
	创新意识与创新能力	具有很强的创新意识与创新能力，能将所学知识与技能迁移应用。	具有一定的创新意识与创新能力，会应用所学知识与技能。	缺乏创新意识与创新能力，知识应用与迁移能力较弱。
包装与logo设计能力	方便实用	材料容易获取，包装简洁便利，实用性强。	材料较易获取，包装简洁、实用。	包装设计实用性较差，成本较高。
	结构合理	包装大小合适，计算准确。	包装与容器结构较为相符。	包装与容器结构不符。
	logo美观具有创意	logo设计美观大方，新颖有创意，能让人耳目一新。	logo设计较为美观且有创意。	logo设计较平淡，缺乏新意。

制作芳香护手霜活动评价表

使用小组：____________ 组长：____________

<table>
<tr><th>评价活动</th><th>评价指标</th><th>表现水平</th><th>组 1</th><th>组 2</th><th>组 3</th><th>组 4</th><th>组 5</th><th>建议</th></tr>
<tr><td rowspan="6">实践与创新能力</td><td rowspan="3">动手实践与问题解决能力</td><td>优秀</td><td></td><td></td><td></td><td></td><td></td><td></td></tr>
<tr><td>良好</td><td></td><td></td><td></td><td></td><td></td><td></td></tr>
<tr><td>一般</td><td></td><td></td><td></td><td></td><td></td><td></td></tr>
<tr><td rowspan="3">创新意识与创新能力</td><td>优秀</td><td></td><td></td><td></td><td></td><td></td><td></td></tr>
<tr><td>良好</td><td></td><td></td><td></td><td></td><td></td><td></td></tr>
<tr><td>一般</td><td></td><td></td><td></td><td></td><td></td><td></td></tr>
<tr><td rowspan="9">包装与logo设计能力</td><td rowspan="3">方便实用</td><td>优秀</td><td></td><td></td><td></td><td></td><td></td><td></td></tr>
<tr><td>良好</td><td></td><td></td><td></td><td></td><td></td><td></td></tr>
<tr><td>一般</td><td></td><td></td><td></td><td></td><td></td><td></td></tr>
<tr><td rowspan="3">结构合理</td><td>优秀</td><td></td><td></td><td></td><td></td><td></td><td></td></tr>
<tr><td>良好</td><td></td><td></td><td></td><td></td><td></td><td></td></tr>
<tr><td>一般</td><td></td><td></td><td></td><td></td><td></td><td></td></tr>
<tr><td rowspan="3">logo美观有创意</td><td>优秀</td><td></td><td></td><td></td><td></td><td></td><td></td></tr>
<tr><td>良好</td><td></td><td></td><td></td><td></td><td></td><td></td></tr>
<tr><td>一般</td><td></td><td></td><td></td><td></td><td></td><td></td></tr>
</table>

活动反思表

本活动中，我收获最多的是：
与同学的交流中，我发现的问题是：
需要改进的地方有：

活动四

产品反馈

活动类型

调查

活动时间

2 课时

活动概述

同学们亲手制作出来的芳香护手霜质量如何？是否受到父母、老师或朋友们的欢迎？为此，同学们需要再次进行产品调研。

活动步骤

（一）接受任务

根据以下提示，明确本活动要完成的任务。

（二）分配任务

根据上述提示进行任务分工。

具体任务	分工合作情况	若是个人写出姓名
确定产品调研对象、形式与具体内容	□个人 □小组	
组织实践调研活动的开展与数据记录	□个人 □小组	
调研结果的统计、整理与分析	□个人 □小组	
调研报告撰写	□个人 □小组	
交流展示汇报	□个人 □小组	

（三）执行任务

1. 确定产品调研的方式——用户体验与反馈。

2. 确定产品调研的具体内容（如滋养度、油腻性、价位、包装、便捷性等）。

3. 对自己的产品进行宣传（如原料的选择、成本、制作方法、功效、设计理念等方面）。

4. 展开实际调研活动。

5. 统计分析调研结果，完成调研报告。

6. 汇报交流。

调研报告撰写格式

调研时间：
调研对象：
调研人员：
具体内容： （1）调研目的 （2）调研方法 （3）调研数据统计分析 （4）调研结果 （5）调研心得

活动评价

活动反思表

在这个活动中，我所完成的任务是：
通过这个活动，我的学习收获是：
通过这个活动，我知道了自己的优势有：
通过这个活动，我知道自己还需要在以下方面继续努力：
如果再进行一次这个活动，我会在以下方面进行调整：

第七单元

Unit 7

芳香种植园

随着人们生活水平的提高和生活观念的改变，园艺文化逐渐兴起。芳香植物不但有迷人的芳香，能给人带来愉悦的感觉，而且所散发的芳香分子具有杀菌和调节人体健康的作用，同时具有很高的观赏价值。近年来，国内掀起芳香植物栽植的热潮，应用园艺疗法的理念，用芳香植物造园或造景，开展园艺活动，来改善身体机能、调养身心，已成为当下非常流行的园艺文化。

活动一 认识园艺疗法

活动类型

研究

活动时间

2 课时

活动概述

园艺疗法是通过植物及其与植物相关的活动对人们的生理和心理产生一定的作用。园艺疗法不仅对身心受创的人有效，对于生活压力大的人来说也是一种新的舒压方式，因此近年来越来越受到人们的欢迎。在本活动中，同学们会通过查找资料来了解园艺疗法的作用及其发展前景。活动结束后，同学们便可以回答下列几个问题。

1. 什么是园艺疗法？园艺疗法的作用与意义是什么？

2. 园艺疗法的应用现状与前景是怎样的？

活动步骤

（一）接受任务

本活动需要同学们查找资料，完成下列两个问题的探究。

1. 园艺疗法的含义、作用及其意义。

2. 园艺疗法的发展历史和应用现状。

（二）分配任务

同学们可以分工合作，完成下列任务。

任务分配	负责人
园艺疗法的含义与意义	
园艺疗法的发展历史	
园艺疗法的应用前景	

（三）执行任务

1. 查找资料，认识园艺疗法。

	主要内容
园艺疗法的含义	
园艺疗法的功能	
园艺疗法的发展历史	
园艺疗法的应用前景	

园艺疗法（Horticultural Therapy）是指利用植物及园艺相关活动来达到使某些族群在身体上、心理上获得改善效果的一种辅助治疗方法。其中，在身体上的改善包括体力、耐力、手脚功能灵巧度及园艺方面相关的技术等；在心理上的改善包括获得成就感、恢复自信心与价值感、舒解压力、调解心情、期待未来及安定情绪等。

园艺疗法的要素是植物、活动、环境。

2. 相互交流，加深认识。

在资料查找和整理的基础上，展开讨论，进一步认识园艺疗法。

活动小结

园艺疗法虽然目前主要应用于一些康复机构，但其中芳香植物的应用、园艺活动的开展以及重视环境因素对人体健康的影响的理念，可以应用于健康人群的日常生活和休息娱乐。学校开展的芳香种植园种植活动如果能够融入园艺疗法的理念，将会促进学生更加积极健康地学习与生活，让种植活动更加有意义。

活动评价

认识园艺疗法活动评价标准

评价指标		优秀	良好	一般
分享交流	展示内容	内容丰富充实，思路通畅，层次清晰，结构完整严密，书写内容详略得当。	内容较为丰富，注意到书写内容的详略安排。思路连贯，层次较清楚，结构完整。	按所要求板块书写，内容基本到位。思路不够清晰，不能清楚展示活动内容。
	语言表达	声音响亮，用语流畅规范，口齿清晰。	声音较为响亮，用语基本流畅规范，口齿清晰。	声音较小，用语基本通顺，口齿不清。
	仪表仪态	衣着整洁、大方、得体，表情自然，与观众有良好的眼神交流。	衣着整洁，表情自然，有与观众的良性互动。	衣着整洁，表情拘谨，与观众缺乏良好的交流。

认识园艺疗法活动评价表

使用小组：__________ 组长：__________

评价活动	评价指标	表现水平	组1	组2	组3	组4	组5	建议
分享交流	展示内容	优秀						
		良好						
		一般						
	语言表达	优秀						
		良好						
		一般						
	仪表仪态	优秀						
		良好						
		一般						
组长签字：								

活动反思表

本活动带给我们的最大收获是：
活动中，我们表现最棒的地方是：
需要我们积极改进的地方有：
如果再进行一次这样的活动，我们将在以下方面进行调整和改进：

活动二 设计并布置班级芳香种植园

活动类型

设计　制作

活动时间

4 课时

活动概述

在校园里，学校为每个班级都开辟了一块芳香植物种植园地，要求同学们自己设计种植园布局图，选择植物种类，然后在老师的指导下进行芳香植物的种植与种植园的布置。同学们可以根据自己所学的知识和班级文化，进行种植园的设计与打造。活动结束后，希望同学们能够打造出一个独一无二、极具班级特色的芳香种植园。

活动步骤

（一）接受任务

1. 设计班级芳香种植园。

同学们可以从植物的选择、种植园布局图的设计、种植园的美化等角度来设计班级芳香种植园。

2. 种植班级芳香种植园。

在种植班级芳香种植园之前，先要对种植园的土壤进行翻整，还要进行芳香植物的育苗活动，才能进行种植。

（二）分配任务

同学们可以将任务分解，通过分工合作的方式来完成任务。

任务分解	负责人
植物种类的选择	
播种与育苗活动	
布局图的设计与绘制	
种植园的美化工作	
土壤的翻整	
种植活动	

提示：有些活动需要小组全员参与。

（三）执行任务

1. 设计芳香种植园。

设计芳香种植园包括植物的选择和布局图的设计。同学们可以展开头脑风暴，构想班级芳香种植园的设计理念、主要目标和应用价值等，然后进行植物的选择。比如，你们班想要研究的是芳香植物的食用价值，还是药用价值，亦或以观赏为主？有一个班级的种植园名称为“本草纲目”，他们想研究芳香植物在医药方面的应用价值，因此选择了益母草、决明子、藿香等中草药芳香植物进行种植。也可以与班级文化建设联系起来进行设计。如某班的班级文化是“君子文化”，因此种植园主要以梅、兰、竹、菊这四种植物为主，并以五星向日葵图案来表示班级的向心力。

2. 种植芳香种植园。

（1）土壤翻整与配比。

大部分芳香植物对土壤的要求较高，要求土壤疏松、细腻、透气性好、保水保肥、干净无病害、肥力较好。常用的基质有泥炭土、椰糠、珍珠岩、蛭石，一般混合使用。种植前要将土壤翻整平整。

（2）种植。

①穴盘育苗法。

a. 在育苗盆填满松软的营养土，并用手指将穴盘里的土压紧，然后将土壤浇透。

b. 在每个穴盘里撒上种子（大种子 1 粒到 2 粒，小种子 3 粒到 5 粒），记得插上标签。

c. 在种子上撒上薄薄一层营养土（土壤厚度大概是种子大小的 1~2 倍）。

d. 用喷壶洒水，让土壤保持湿润，然后在育苗盘上覆盖一层保鲜膜。

e. 将育苗盘放置于阳光不能直射的地方，等待其发芽，适时给其浇水换气。

f. 当种子发芽后，可将育苗盘移至光照适宜的环境中，促进其生长。

g. 当小苗长到三四片叶子的时候，就可以移栽了，用手指在育苗盆底孔处轻轻一顶，小苗连土带根就出来了。

常见的植物繁殖方式有：有性繁殖，如播种育苗；无性繁殖，如扦插繁殖、压条繁殖、分株繁殖、嫁接繁殖。

②枝条扦插法（以迷迭香为例）。

a. 用干净的剪刀从健康茂盛的迷迭香上剪下新生的细枝，剪取插枝的长度请参考下面表格。

季节	剪下的部分	长度
春季或初夏	绿色柔嫩的新枝	5~10cm
夏天到秋天	灰白部分的枝	10~15cm
秋天	棕色坚硬成熟的枝	15~35cm

b. 去掉枝径下 1/3 的叶子，将处理好的插枝直接插入松软的细土里，间隔至少 4 厘米，用手把盆栽土壤压紧压平。

c. 第一次浇水要浇透，往后每周浇透一次，平日保持土壤润泽。

d. 前两个星期放置于阴凉之处。如果所在的地方气候干燥，那么要在花盆里插上高于迷迭香插枝的木棍或筷子，然后覆盖上带孔的塑料袋，塑料袋不要接触插枝。

e. 大约 6 周到 7 周后，迷迭香会生根。

迷迭香扦插过程

3. 种植园装饰美化。

可以借助一些装饰品，如篱笆、动物花盆等对种植园进行美化。

活动小结

在芳香种植园设计、选种、育苗等过程中，同学们收获的不仅仅是知识与劳动技能，更多的是劳动所带来的快乐，以及在小组合作中所发挥出来的集体智慧。

活动评价

班级芳香种植园设计图评价标准

评价指标		优秀	良好	一般
设计图纸	准确性	能清楚表达空间利用、植物选择、种植方式等各种信息与设计思路。	能较为清楚地表达设计思路，但内容不够具体细致。	从设计图中基本看不出设计思路。
	完整性	思考全面，从多角度考虑设计方案。	考虑不太周全，信息反映不完整。	反映不出设计的具体信息。
	艺术性	排版合理美观，图文并茂。	排版较为合理，有字体大小格式不统一等小问题。	完全复制粘贴任务单表格，排版杂乱。

分享交流评价标准

评价指标		优秀	良好	一般
分享交流	展示内容	内容丰富充实，思路通畅，层次清晰，结构完整严密，书写内容详略得当。	内容较为丰富，注意到书写内容的详略安排，思路连贯，层次较清楚，结构完整。	按所要求板块书写，内容基本到位。思路不够清晰，不能清楚展示活动内容。
	语言表达	声音响亮，用语流畅规范，口齿清晰。	声音较为响亮，用语基本流畅规范，口齿清晰。	声音较小，用语基本通顺，口齿不清。
	仪表仪态	衣着整洁、大方得体，表情自然，与观众有良好的眼神交流。	衣着整洁，表情自然，有与观众的良性互动。	衣着整洁，表情拘谨，与观众缺乏交流互动。

设计并布置班级芳香种植园活动评价表

使用小组：____________ 组长：____________

评价活动	评价指标	表现水平	组 1	组 2	组 3	组 4	组 5	建议
设计图纸	准确性	优秀						
		良好						
		一般						
	完整性	优秀						
		良好						
		一般						
	艺术性	优秀						
		良好						
		一般						
分享交流	展示内容	优秀						
		良好						
		一般						
	语言表达	优秀						
		良好						
		一般						
	仪表仪态	优秀						
		良好						
		一般						
组长签字：								

活动反思表

本活动带给我的最大收获是：
活动中表现优越的地方有：
需要积极改进的地方有：
如果再进行一次这样的活动，我将在以下方面进行调整和改进：

活动三 探究影响植物生长发育的因素

活动类型

研究　实验

活动时间

6 课时

活动概述

植物的生长发育受光照、温度、水分、营养元素等各种环境因素的影响，研究植物生长发育的影响因素，探究植物的最佳生长条件，有利于我们更好地养护和管理植物。本活动以探究影响植物蒸腾作用的因素为例，介绍科学探究中如何结合实际问题提出选题、设计实验，进而展开实践研究，最后进行小论文的写作活动。活动结束后，同学们应该具备以下能力。

1. 能清楚掌握科学探究的一般流程和实验设计的基本原则。

2. 树立一定的问题意识，能结合学习和生活中遇到的实际问题，提出问题或提出研究课题。

3. 初步掌握小论文的写作格式和写作方法。

活动步骤

（一）案例——探究影响植物蒸腾作用的因素

1. 提出问题。

在植物扦插繁殖过程中，我们发现有的扦插成活率高，有的扦插成活率低。在扦插时，要求把植物枝条下部的叶片去除，扦插好之后还要将其置于阴凉处。同学们，针对扦插繁殖，你们能提出什么样的问题呢？

2. 探索知识。

查找资料，完成对下列问题的探究。

（1）什么是扦插繁殖？

（2）植物扦插时的注意事项有什么？（或者影响植物扦插成活率的因素有哪些？）

（3）什么是蒸腾作用？

（4）影响植物蒸腾作用的因素有哪些？

3. 选择课题——探究影响植物蒸腾作用的因素。

4. 作出假设。

分组，提出不同的假设。

如：（1）光照影响植物的蒸腾作用。

（2）温度影响植物的蒸腾作用。

（3）……

5. 设计实验（以探究光照 / 温度对植物蒸腾作用的影响为例）。

思考与提示：

①如何检测蒸腾作用发生与否，如何衡量蒸腾作用发生的快慢程度？

②如何遵循实验设计的基本原则——“对照原则、单一变量原则、平行重复原则”设计实验？

③实验中选用什么样的装置，何种植物材料？

下图是学生设计的实验方案简图：应用了 10ml 量筒（口径较细，易于检测水分的变化）、橡皮泥（用于封口）和迷迭香枝条（尽管叶片较小，呈披针形，但以叶片数量多取平均值而取胜，并且迷迭香的枝条半木质化，较直挺，可以保持较长时间，又是校园中数量较多、一年四季常绿、取材较为方便的植物）这三种最重要的材料进行实验设计。

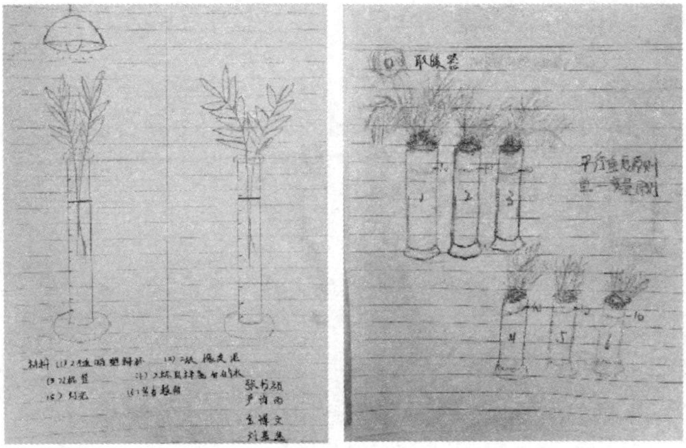

实验方案简图

6. 实施实验（以探究光照对植物蒸腾作用的影响为例）。

（1）实验材料。

10ml 的量筒、烧杯、胶头滴管、橡皮泥、迷迭香枝条。

（2）实验步骤。

①每个小组取大小相同的 10ml 的量筒 6 支。

②取长短及生长状况差不多的迷迭香枝条 12 枝，并去掉枝条下部的叶子，保留的叶片数量差不多。

③将迷迭香枝条两枝一组分别插入量筒，保证插入的高度一致，取清水注入量筒，并将量筒的水位都定容为 10ml。

④用橡皮泥将量筒口封住，同时固定住迷迭香枝条。

⑤将量筒分为两组，一组至于灯光下，一组至于正常环境下，培养一昼夜，观察量筒中水位的变化。

迷迭香扦插实验

7. 收集数据。

不同环境因素对植物蒸腾作用的影响（单位：ml）											
	光照		温度		空气流速		空气湿度		叶片多少		
	正常	加强光照	正常	升高温度	正常	加快空气流速	正常	增加空气湿度	正常	叶片渐少	
实验前	10	10	10	10	10	10	10	10	10	10	10
实验后											
平均值											

8. 分析数据，得出结论。

____

____

____

9. 问题分析。

（1）通过实验探究，发现哪些因素影响植物的蒸腾作用，进而影响植物扦插的成活率？

____

____

（2）植物移栽或扦插时需要注意哪些问题？

____

____

（二）小论文写作

下图是同学们撰写的小论文。

探究影响植物蒸腾作用的因素

7（2）学生代表：伍睿、张书祯、左米玉　　指导老师：田亚丽

摘要：应用了量筒、橡皮泥、迷迭香枝条等实验装置和材料，巧妙地设计了探究影响植物蒸腾作用因素的实验，较为直观地研究了不同环境因素对植物蒸腾作用过程中水分散失快慢的影响，进而解释了植物扦插繁殖时的一些注意事项。

关键词：扦插繁殖　蒸腾作用　影响因素

一、问题的提出：

在扦插繁殖芳香植物的过程中，我们发现有的同学扦插的植物成活率高，有的同学扦插的植物成活率低。并且在扦插时，要求把植物枝条下部的叶片去除。扦插好之后还要将其置于阴凉处，这是为什么呢？为此我们展开了探究。

二、实验材料与仪器：

10ml 的量筒、烧杯、胶头滴管、橡皮泥、清水、迷迭香枝条；

电风扇、白炽台灯、取暖器、加湿器。

三、研究方法与过程：

（1）查找资料，了解下列问题

①什么是扦插繁殖？影响植物扦插成活率的因素有哪些？

②什么是蒸腾作用？与蒸发的关系是什么？

③影响蒸腾作用的因素

（2）确定课题：探究影响植物蒸腾作用的因素

（3）作出假设：　光照、温度、空气流速、空气湿度、叶片多少会影响植物的蒸腾作用。

（4）设计实验：

在设计实验时，主要考虑到了以下问题，如“如何检测蒸腾作用发生与否，如何衡量蒸腾作用发生的快慢？”“实验设计时，如何遵循实验设计的基本原则，如对照原则、单一变量原则、平行重复原则等？”“实验中选用什么样的装置？何种植物材料？”等

在老师的指导和小组同学的集思广益下，我们最终选择了应用 10ml 量筒（口径较细，易于检测水分的变化）、橡皮泥（用于封口）和迷迭香枝条（尽管叶片较小，呈披针形，但但可以以叶片数量多取平均值而取胜，并且迷迭香的枝条半木质化，较直挺，可以保持较长时间，且是校园中数量较多、一年四季常绿，取材较为方便的植物）这三种最重要的材料进行实验设计。如下图分别为探究“光照”“温度”“叶片多少”对植物蒸腾作用的影响的实验设计草图。

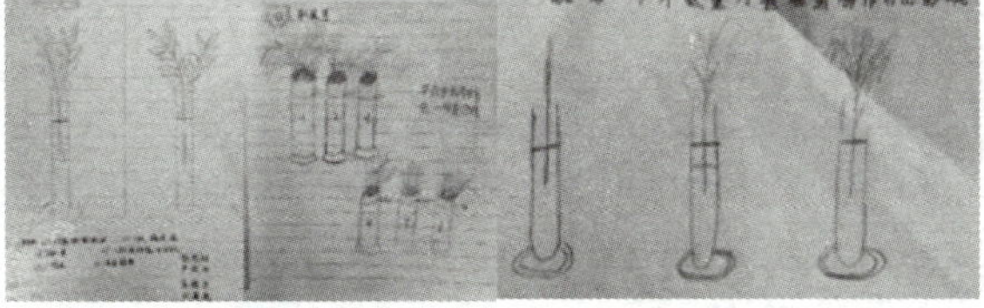

(5) 进行实验：分组进行

① "探究光照对植物蒸腾作用的影响" 实验步骤：

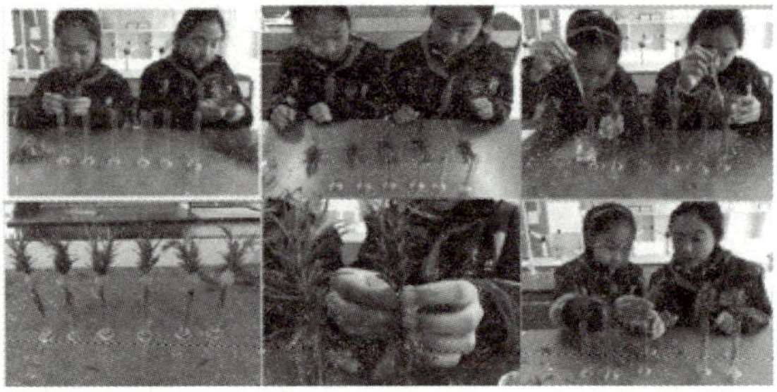

a. 每个小组取大小相同的 10ml 的量筒 6 支；

b. 取长短及生长状况差不多的迷迭香枝条 12 枝，并去掉枝条下部的叶子，保留的叶片数量差不多；

c. 将迷迭香枝条两枝一组分别插入量筒，保证插入的高度一致，取清水注入量筒，并用滴管将量筒的水位都定容为 10ml;

d. 用橡皮泥将量筒口封住，同时也固定了迷迭香枝条；

e. 将量筒平均分为两组，每 3 支一组至于等光下，一组至于正常环境下，培养一昼夜，观察量筒中水位的变化。

② "探究温度对植物蒸腾作用的影响" 实验步骤：

用同实验步骤①中 a-d 的方法，设置六支量筒，然后将其分为两组，一组实验装置置于取暖器旁边，另一组置于正常环境下，培养一昼夜，观察并记录量筒中水位的变化。

③ "探究空气流通速度对植物蒸腾作用的影响" 实验步骤：

用同实验步骤①中 a-d 的方法进行实验，然后将 6 支量筒分为两组，一组置于正常环境中，另一组放置在电风扇下，静置一昼夜，观察并记录量筒中的水位变化。

④ "探究空气湿度对植物蒸腾作用的影响" 实验步骤：

用同实验步骤①中 a-d 的方法进行实验，然后将 6 支量筒分为两组，一组置于正常环境中，另一组放置在加湿器加湿空气湿度的条件下，静置一昼夜，观察并记录量筒中的水位变化。

⑤ "探究叶片多少对植物蒸腾作用的影响" 实验步骤：

取长短及生长状况差不多的迷迭香枝条 12 枝，平均分为 3 组，一组叶片数量保留最多，一组叶片保留最少，还有一组叶片数量介于前两者之间，然后用同实验步骤①c、d 的方法设置实验装置（如下图所示），然后静置一昼夜观察并记录量筒中的水位变化。

四、实验结果：

不同环境因素对植物蒸腾作用的影响（单位：ml）											
	光照		温度		空气流速		空气湿度		叶片多少		
	对照组	实验组	对照组	实验组	对照组	实验组	对照组	实验组	对照组	实验组	
	正常	加强光照	正常	升高温度	正常	加快空气流速	正常	增加空气湿度	正常	叶片渐少	
实验前	10	10	10	10	10	10	10	10	10	10	10
实验后	8.4	8.4	8.6	5.0	8.5	8.0	8.6	9.8	8.8	9.4	9.6
	8.6	8.4	8.8	4.8	8.6	8.0	8.8	9.8	8.4	9.6	9.6
	9	8.2	8.6	4.4	8.6	7.8	9.0	9.6			
平均值	8.7	8.3	8.7	4.7	8.6	7.9	8.8	9.7	8.6	9.5	9.6
减少水量	1.3	1.7	1.3	5.3	1.4	2.1	1.2	0.3	1.4	0.5	0.4

五、结论与分析：

通过上述实验数据，可以看出，在一定范围内，加强光照强度、升高温度、加快空气流速均可以促进量筒内的水分消耗；增加空气湿度、减少叶片数量却能减缓量筒内水分的消耗。查找资料得知，植物吸收的水分，有95%以上都以蒸腾作用的形式散失了，因此我们认为光照、温度、空气流动速度增强，植物蒸腾作用会加快，消耗的水分增加；增加空气湿度，减少叶片数量则可以减缓植物的蒸腾作用，进而减少对水分的消耗。

由于植物扦插繁殖利用的是植物的一段枝条、一块茎或叶片等器官，没有根，植物的吸水能力明显下降，因此也要相应降低对水的消耗，因此，在植物扦插繁殖，或移栽根系遭到破坏的情况下，应减少植物的枝条或叶片的数量、并选择温度适宜、光照不足的阴雨天进行较为合适。

六、收获与反思：

实验中最让我们兴奋的是在我们大家集思广益、头脑风暴的情况下，我们巧妙地设计出了用量筒检测蒸腾作用发生快慢，以及用橡皮泥封口的实验装置和实验方法，实验材料选用了迷迭香这种芳香植物，叶片小而数量多，可以减少实验误差，植物又半木质化不容易枯萎。

提示：本文后面还应加参考文献

科技论文的结构：

1. 论文题目

2. 署名

3. 摘要，论文的浓缩，也可以说是论文的简要介绍。

4. 关键词

5. 正文

①引言

②材料与方法

a. 实验材料

b. 研究方法

③结果与分析

④结论

6. 参考文献

（三）拓展探究

1. 探究细胞失水和吸水对植物叶片气孔开闭的影响。

植物的蒸腾作用受光照、温度、空气湿度及流通速度等环境因素的影响，但蒸腾作用过程中的水分散失是通过叶片上的气孔实现的，气孔的开闭直接影响蒸腾作用的快慢，那么气孔的开闭又受哪些因素的影响呢？在显微镜下观察植物叶片时发现，失水萎蔫的叶片中约有 50% 的气孔关闭，而新鲜叶片中有 80% 以上的气孔处于打开状态。因此，有的同学提出叶片气孔的开闭可能与植物吸水和失水有关，同学们不妨对此问题展开探究。

2. 探究光照强度与光质对芳香植物油腺细胞多少（精油产量）的影响。

芳香植物之所以具有香味，是因为它们能产生具有挥发性的芳香精油，这些精油一般储存在植物的分泌性油腺细胞中，是由植物进行光合作用而产生的，因此，芳香植物精油的产量直接受光照的影响。那么，光照是否也影响油腺细胞的数量呢？请同学们设计实验进行探究。

3. 自主选题，进行科学探究。

同学们也可以结合学习和生活中遇到的实际问题，自主提问，进行科学探究。

提示：可以根据上述科学探究的一般流程和所学知识，设计实验，进行科学探究。

活动小结

知识来源于生活，也将服务于生活。结合植物种植活动过程中遇到的实际问题，提出问题，进行科学探究，不仅有利于同学们探索植物生长发育所需的最佳条件，以便更好地养护植物，更能培养同学们发现问题、解决问题的实践能力和创新能力，培养同学们勇于探索、敢于质疑的科学精神。

活动评价

自我评价表

问题	自评
是否掌握了科学探究的一般流程和实验设计的基本原则	
能否进行独立的实验设计与探究活动	
是否具备结合实际问题而提出问题的能力	
能否撰写简单的科学小论文	

探究影响植物生长发育的因素小论文评价表

评价内容		组员互价（40%）		教师评价（60%）		总分
			合计		合计	
完整性	结构是否完整规范（10%）					
	文字表达是否清楚有条理（10%）					
	研究方法是否科学合理（10%）					
科学性	实验结论与分析是否合理到位（10%）					
新颖性	选题或研究方法是否新颖有创意（10%）					

活动反思表

本活动带给我的最大收获是：
活动中表现优越的地方有：
需要积极改进的地方有：
如果再进行一次这样的活动，将在以下方面进行调整和改进：

第八单元
Unit 8

芳香植物与饮食

芳香植物因气味芳香而广受人们喜爱，早在古代人们就已经开始留意这些芳香植物的功能，并将其广泛应用于饮食中。

在本活动中，同学们将初步了解香料的发展历史，探讨芳香植物在饮食中的应用，学习并制作芳香美食，让芳香植物为我们的生活增色增味。

活动一

了解香料的发展及其在饮食中的应用

活动类型

研究

活动时间

4 课时

活动概述

今天我们饭桌上随处可见的香料，其实有着悠久的发展历史，曾经作为最贵重的商品之一，其价值几乎与黄金相当。香料贸易在人类历史上有着举足轻重的作用，尤其是在中世纪，欧洲人对香料的渴望直接催生了地理大发现。据说，哥伦布远航的最大动力就是寻找东方的香料。

本活动中，同学们需要查找资料，了解香料的发展历史及意义，还要了解香料在中西餐中的不同应用。活动结束后，同学们便可以回答以下几个问题。

1. 香料的发展与丝绸之路有什么关系？
2. 香料的发展经历了哪些过程？其意义何在？
3. 食用香料在中西餐中的应用有哪些差异？

活动步骤

（一）接受任务

在本活动中，同学们需要完成以下任务。

1. 查找资料，了解香料的发展历史与丝绸之路的关系。
2. 查找资料，了解香料的发展历史及其深远意义。
3. 了解中西方饮食文化差异及其在香料应用方面的差异。
4. 整理归纳所查找或收集到的资料，并制作PPT，然后在班级中进行汇报。

香料（Perfume）：亦称香原料，是一种能被嗅出气味或品出香味的物质。香料有食用香料和非食用香料之分。食用香料又称为香辛料，主要指白檀、肉桂、丁香、胡椒等调味品。非食用香料则是相对于食用香料而言的，是用于美容、医疗、宗教等方面的香料。

（二）分配任务

具体任务	负责人
香料发展历史之资料查找	
中西饮食文化差异之资料查找	
香料在中西方饮食中的应用	
资料整理，PPT 制作	
演讲汇报	
……	

提示：香料的发展历史悠久，意义重大，不妨多分配几位同学负责这项任务。

（三）执行任务

1. 了解香料的发展及其意义。

香料在人类的发展历史中有着非常重要的作用与意义，同学们在搜集资料时，可以输入“香料之路”“丝绸之路香料”“海上丝绸之路”等关键词。同学们可以从以下几个方面思考、查找并整理资料。

问题	
香料的发展历史与丝绸之路之间有什么关系？	
香料贸易中的香料为什么如此之贵？	
香料的传播对世界发展起到了什么样的作用？	

参考资料：

（1）纪录片《香料之路》。全片共3集，每集60分钟。主持人将到访香料的一些异域发源地，并且走遍全球去发现这些香料是如何走上我们餐桌的。主持人将访问一些以香料为生的人，并跟随最早的那批香料探索者的脚步，将香料背后的故事娓娓道来。

（2）北京大陆桥文化传媒．世界商贸之路探寻：香料之路［M］．北京：中国青年出版社，2008.

弗兰科潘．丝绸之路：一部全新的世界史［M］．邵旭东，孙芳，译．杭州：浙江大学出版社，2016.

2. 了解中西方饮食文化差异以及在香料应用方面的差异。

问题	
中西方饮食文化有哪些显著差异？	
中西餐在香料的选择上有什么显著差别？	

3. 整理资料，制作PPT。

4. 交流汇报。

活动小结

香料作为一种物质存在，不仅在饮食、医疗、美容等方面有所应用，它所传达的更是一种超物质本身的文化，是一种身份、地位及品德修养的象征，它几乎伴随着人类文明的进步。

也因受饮食观念、饮食方式和烹饪方式的影响，香料在中西餐中的应用有显著的差异。西餐中应用较多的是新鲜的香草，人们喜欢把香草种在院子里，需要的时候就采摘一些来用。在中餐烹饪中，人们应用较多的是香料，将其广泛应用在酱、卤、烧、炖、煮、蒸、煎、氽等各种烹饪方法中。古人发现，许多芳香植物不仅有调香增色的作用，还有温中理气、活血化瘀、祛风除湿、发散清热等功效，因此，香囊、香饮、香膳等也从古代一直延续至今。

活动评价

了解香料的发展及其在饮食中的应用分享交流评价标准

评价指标		优秀	良好	一般
分享交流	展示内容	内容丰富充实，思路通畅，层次清晰，结构完整严密，书写内容详略得当。	内容较为丰富，注意到书写内容的详略安排。思路连贯，层次较清楚，结构较完整。	按所要求板块书写，内容基本到位。思路不够清晰，不能清楚展示活动内容。
	语言表达	声音响亮，用语流畅规范，口齿清晰。	声音较为响亮，用语基本流畅规范，口齿清晰。	声音较小，用语基本通顺，口齿不清。
	仪表仪态	衣着整洁、大方、得体，表情自然，与观众有良好的眼神交流。	衣着整洁，表情自然，有与观众的良性互动。	衣着整洁，表情拘谨，与观众缺乏交流。

了解香料的发展及其在饮食中的应用分享交流评价表

评价活动	评价指标	表现水平	组 1	组 2	组 3	组 4	组 5	建议
分享交流	展示内容	优秀						
		良好						
		一般						
	语言表达	优秀						
		良好						
		一般						
	仪表仪态	优秀						
		良好						
		一般						
组长签字：								

活动反思表

本活动带给我们最大的收获是：
活动中，我们表现最棒的地方是：
我们需要积极改进的地方有：
如果再进行一次这样的活动，我们将在以下方面进行调整和改进：

活动二

探寻生活中的芳香美食

活动类型

调查

活动时间

4 课时

活动概述

在本活动中，同学们可以利用相机或画笔，去西餐厅、中餐厅，也可以在家庭中，将芳香美食记录下来，品味其中的美味，了解其中的功效，学习其制作方法，最后每个小组都形成一个芳香美食手札本。同学们也可以翻阅书籍，查找资料，了解芳香植物在饮食中的应用，制作一张思维导图，然后进行陈列、展示、交流、学习。活动结束后，同学们应该具备以下能力。

1. 能整体概括芳香植物在饮食方面的应用，如香草茶、香草西点、香草调味品等。

2. 能具体举出几道自己喜欢的香草美食，并了解其功效和制作方法。

活动步骤

（一）接受任务

在本活动中，同学们需要去西餐厅、中餐厅、点心店、冰激凌店、奶茶店等不同地方，去探寻饮食中对芳香植物的应用，也可能要进行资料的查找与整理等工作，因此，同学们要先进行思考、讨论，做好计划、部署和安排，以保证活动的顺利进行。同学们可以从下面几个方面进行思考。

1. 去哪些饮食店对哪些食物进行调研。同学们可以采用绘制思维导图的形式进行罗列。下图为某同学未完成的思维导图，可供参考。

思维导图绘制区

工具：可以利用 X-mind 软件进行思维导图的绘制。

提示：同学们首先要从整体上了解整个活动的流程，然后对每一阶段要完成的具体事情和任务有较为清晰的认识。

2. 活动流程与具体安排。

同学们可以采用绘制流程图的方式，也可以采用表格的形式进行梳理。

活动流程	活动日期	具体内容
清楚目标，明确任务		
研讨方案，制订计划		
分解任务，落实分工		
执行任务，展开调研		
收集资料，整理信息		
汇报展示，交流评价		

（二）分配任务

在明确具体任务和活动流程的基础上进行分工，并将具体分工记录下来。

主要任务	负责人
西餐厅香草美食调研	
中餐厅特色美食调研	
奶茶店香草茶饮调研	
冰激凌店香草冷饮调研	
面包房或糕点店调研	
……	

（三）执行任务

1. 根据分工任务，制订自己的研究计划。比如某人要去西餐厅进行调研，可以制订如下所示的计划或记录表。

时间	地点	菜品	香草	口感或营养	制作方法
	必胜客	披萨			
		色拉			
		柠檬薄荷茶			

工具：可以用相机或手机进行拍照，记录自己品尝的香草美食。

2. 走进店面，品尝菜系，并尝试进行咨询采访，了解不同菜品中所涉及的芳香植物及其制作方法。可以采取“拍照＋文字记录”的方式进行记录，也可以采用“绘画＋文字”的方式进行记录，进而形成芳香美食手札本。

手札本：手札指亲手写的书信，即亲笔信。这里泛指无固定形式的、可以自己设计和自由发挥的记录本。

3. 整理并归纳收集的资料。

4. 交流展示。

同学们可以制作PPT，也可以以手札本的形式借助投影仪进行展示，从走访的店面—品尝的食物—涉及的香草—所获得的信息等方面展开介绍。

活动小结

经过本活动，同学们对芳香植物在饮食中的应用有了更为直接而切身的体验，为后面进行芳香美食的制作奠定了基础。

活动评价

分享交流评价标准

评价指标		优秀	良好	一般
分享交流	展示内容	内容丰富充实，思路通畅，层次清晰，结构完整严密，书写内容详略得当。	内容较为丰富，注意到书写内容的详略安排，思路连贯，层次较清楚，结构完整。	按所要求板块书写，内容基本到位。思路不够清晰，不能清楚展示活动内容。
	语言表达	声音响亮，用语流畅规范，口齿清晰。	声音较为响亮，用语基本流畅规范，口齿清晰。	声音较小，用语基本通顺，口齿不清。
	仪表仪态	衣着整洁、大方得体，表情自然，与观众有良好的眼神交流。	衣着整洁，表情自然，有与观众的良性互动。	衣着整洁，表情拘谨，与观众缺乏交流互动。

探寻生活中的芳香美食分享交流评价表

使用小组：＿＿＿＿＿＿　组长：＿＿＿＿＿＿

评价活动	评价指标	表现水平	组1	组2	组3	组4	组5	建议
分享交流	展示内容	优秀						
		良好						
		一般						
	语言表达	优秀						
		良好						
		一般						
	仪表仪态	优秀						
		良好						
		一般						
组长签字：								

活动反思表

本活动带给我们的最大收获是：
活动中，我们表现最棒的地方是：
我们需要积极改进的地方有：
如果再进行一次这样的活动，我们将在以下方面进行调整和改进：

活动三

制作芳香美食

活动类型

制作

活动时间

2 课时

活动概述

饮食与我们的生活密切相关，将芳香植物应用于美食制作，不仅可以提高我们的生活技能，更能增添生活的乐趣。本活动中，同学们可以选择自己喜欢的芳香美食，分工合作进行制作，然后在班上进行展示、交流，条件充许的话还可以进行实物展示，品尝分享。

活动结束后，每位同学将具备以下技能。

1. 会制作一两道香草美食，可以是西点，也可以是中餐。
2. 能制作简单的香草茶饮，如香草花草茶、香草奶茶等。

活动步骤

（一）接受任务

在本活动中，每个小组至少要选择三道芳香美食，学习其制作方法，然后亲手进行选材和制作。比如，可以选择一道荤菜（迷迭香烤鸡翅、胡椒牛排、罗勒虾等）、一道点心（香草蛋糕、桂花糕等）、一道饮品（香草奶茶、香草冰激凌、香草花茶等），也可以选择香草色拉作为配菜。

同学们要完成以下任务。

1. 确定小组要制作的三道香草美食。
2. 查找资料，了解香草美食需要的制作原料和制作方法。
3. 进行经费预算与任务分配。
4. 合理分工，落实工作。

（二）分配任务

同学们在讨论的基础上，确定要制作的芳香美食。比如，某个小组选择了迷迭香烤鸡翅、香草蛋糕、香草奶茶这三道芳香美食，具体分工就是谁负责制作迷迭香烤鸡翅，谁负责制作蛋糕，谁负责制作奶茶。然后查找每道菜需要的原料及其制作方法，并进行实践练习。最好两个人一组，这样可以一个人操作，另一个人进行拍照或记录，以便于后续的展示交流。

具体分工	所需原料	制作方法	负责人
例如，迷迭香烤鸡翅的制作			操作者： 记录员：
交流汇报展示			

提示：同学们可以通过下厨房 APP 学习各种食物的制作方法，也可以拜师学艺。

（三）执行任务

1. 制作过程。

制作流程	图片展示	文字记录

提示：可以进行拍照，也可以借助视频，将食物的制作过程记录下来。

2. 展示交流。

同学们需要思考可以从哪些方面、以什么形式进行展示，如可以从选材与制作方法介绍和食物品尝两个环节来进行交流。

活动小结

探索香料的发展历史，了解芳香植物与饮食文化的关系，学习芳香美食的制作方法，不仅锻炼了同学们的生活技能，增添了生活乐趣，而且使同学们体会到了先人的生存智慧和生活文化。

活动评价

分享交流评价标准

评价指标		优秀	良好	一般
分享交流	展示内容	内容丰富充实，思路通畅，层次清晰，结构完整严密，书写内容详略得当。	内容较为丰富，注意到书写内容的详略安排，思路连贯，层次较清楚，结构完整。	按所要求板块书写，内容基本到位。思路不够清晰，不能清楚展示活动内容。
	语言表达	声音响亮，用语流畅规范，口齿清晰。	声音较为响亮，用语基本流畅规范，口齿清晰。	声音较小，用语基本通顺，口齿不清。
	仪表仪态	衣着整洁、大方得体，表情自然，与观众有良好的眼神交流。	衣着整洁，表情自然，有与观众的良性互动。	衣着整洁，表情拘谨，与观众缺乏交流互动。

制作芳香美食分享交流评价表

使用小组：____________ 组长：____________

评价活动	评价指标	表现水平	组1	组2	组3	组4	组5	建议
分享交流	展示内容	优秀						
		良好						
		一般						
	语言表达	优秀						
		良好						
		一般						
	仪表仪态	优秀						
		良好						
		一般						
组长签字：								

活动反思表

本活动带给我们最大的收获是：
活动中，我们表现最棒的地方是：
我们需要积极改进的地方有：
如果再进行一次这样的活动，我们将在以下方面进行调整和改进：

第九单元

Unit 9

芳香植物与染色

茶是世界三大饮料之一，具有悠久的历史文化。但是，你知道吗？它不仅是雅饮，还可做染料。我国古人对于花草茶染色的探索，多以红茶、黑茶、绿茶等常饮茶品入手。

相信同学们一定很疑惑：茶也可以用来染色？花草茶染色究竟是怎么一回事呢？染色过程中需要注意什么呢？染出的效果又如何呢？那就让我们一起来探索花草茶染色吧！

活动一

追溯起源

活动类型

研究　设计

活动时间

2 周

活动概述

人类对于色彩的认识，最初就是源自斑斓的花草。人们发现，花果的根、茎、叶、皮都可以用温水浸渍来提取染液。《劝学》中的“青出于蓝而胜于蓝”，《诗经》中的“青青子衿”“绿衣黄裳”，描述的就是植物色彩的提取和应用。

花草茶染色也属于植物染色，就让我们一起来探寻植物染色的前世今生吧！活动结束后，同学们便可以回答以下一些问题。

1. 你知道植物染色吗？
2. 你知道植物染色的起源吗？
3. 你知道植物染色的基本步骤吗？

活动步骤

（一）组建团队

1. 了解班内同学的个性、特长，并将有组队意向的同学的名字记录下来。

姓名	个性特长

提示：在分组时，一定要注意组员的特长平衡，最好能各有所长，避免重复！

2. 根据自主意志，自由分组。

3. 为自己的团队起个响亮的名字。

团队名称：

名称的意义：

（二）接受任务

本活动的主要任务是认识植物染色，通过小组合作，搜集资料，最终形成一张关于植物染色知识的思维导图，并在班内交流。

1. 你想从哪些知识点切入了解？

任务：选择角度
你想了解关于植物染色的哪方面知识？ □起源和发展。 □有哪些相关的文学记载。 □植物染料的来源。 □植物染布的基本方法。

提示：每组可选择两个及两个以上的方面。

2. 我们可以从哪些途径来获取植物染色的资料信息？

任务：查找资料，收集信息
你会通过什么途径获得需要的资料？ 途径 1： 途径 2： 途径 3：

3. 将小组的学习成果绘制成一张思维导图。

4. 将小组学习成果在班内交流分享。

（三）分配任务

根据每个成员的特长，通过团队讨论，合理地分配活动的每项任务。

成员姓名	个性特长	任务分配

提示：尽量根据每个人的特长来分配任务。

（四）执行任务

1. 了解植物染色的起源。

国内外的染色活动从什么时候开始呢？有哪些证据？随着时间的迁移，染色活动有什么改变和进步呢？

植物染色起源的信息收集表

小组		收集人		收集资料的类型	□图片 □文字 □其他：______
信息来源	□教师提供网址 □关键字搜索：______			具体网址：______ ______	
具体内容	（时间、地点、重要事件）				

提示：查找到的资料一定要及时记录和整理。

2. 了解关于植物染色的文学记载。

在许多文学作品及历史文献中，可能会出现关于服装色彩、染色工艺的记载。同学们一起来搜集有关于植物染色的文学记载吧！同时可以比较一下不同年代的服装在色彩、布料等方面的区别。

关于植物染色文学记载的信息收集表

小组		收集人		收集资料的类型	□图片 □文字 □其他：______
信息来源	□教师提供网址 □关键字搜索：______			具体网址：______ ______	
具体内容	（文献名称、词句摘要）				

3. 了解植物染料的来源。

我国幅员辽阔，染料植物资源丰富，那么常用的植物染料有哪些来源呢？让我们一起来整理一下！

关于植物染料来源的信息收集表

<table>
<tr><td>小组</td><td></td><td>收集人</td><td></td><td>收集资料的类型</td><td>□图片 □文字
□其他：______</td></tr>
<tr><td>信息来源</td><td colspan="3">□教师提供网址
□关键字搜索：______</td><td colspan="2">具体网址：______
______</td></tr>
<tr><td>具体内容</td><td colspan="5">（列举来源及对应的常用植物）</td></tr>
</table>

4. 了解关于植物染色的方法。

关于植物染色方法的信息收集表

<table>
<tr><td>小组</td><td></td><td>收集人</td><td></td><td>收集资料的类型</td><td>□图片 □文字
□其他：______</td></tr>
<tr><td>信息来源</td><td colspan="3">□教师提供网址
□关键字搜索：______</td><td colspan="2">具体网址：______
______</td></tr>
<tr><td>具体内容</td><td colspan="5">（一般方法）</td></tr>
</table>

提示：早在《天工开物》中就有对植物染布方法的记载。

5. 绘制思维导图。

6. 交流分享。

活动小结

通过本活动，同学们对植物染色有了初步的了解，这将是开展后续活动的基础。

活动评价

评价自己或同伴在追溯起源活动中的表现。

追溯起源活动评价表

团队成员	其他成员的评价	活动表现（自评）
学习心得		

活动二
设计花草茶染色实验方案

活动类型

研究　设计

活动时间

2 周

活动概述

在之前的活动中，同学们对植物染色已经有了较为全面的了解。大家是不是已经迫不及待地想动手尝试用花草茶来染色了呢？但染色需要准备哪些原料和器材？有哪些步骤？需要研究哪些问题？在正式动手之前，让我们先来设计影响花草茶染色效果因素的实验方案。

活动步骤

（一）发现问题

小组合作，用直接染色法进行花草茶染色的初步尝试。对染成品质量进行评估，进而发现直接染色法的弊端。

1. 用直接染色法进行花草茶染色。

（1）要求：利用已有材料，动手染布，并检验染色效果。

（2）材料：洛神花、金盏花、棉织品。

（3）方法提示：按 1∶100 的物液比（花草茶干品与水的比例）将花草茶放入水中，室温下浸泡 30min，加热至沸腾，待温度降到 80℃时，调整加热器功率，使温度稳定在 80℃，并保持 30min，捞起茶渣并过滤茶液，得到染液。之后，采用直接染色法对棉织品进行染色。

2. 对染成品进行质量评估。

花草茶种类	洛神花	金盏花
染布材质	棉织品	棉织品
洗涤后布料的色泽特征		
洗涤时的脱色情况		
洗出液体的深浅		

方法提示：用中性皂洗涤染成品，晾干后评价其色泽特征。在样品皂洗的同时，观察脱色情况，比较洗出液体颜色的深浅，以此对染色牢度作出初步评价。

（二）提出猜想

同学们觉得自己第一次的花草茶染色是否成功呢？对最后的染色效果是否满意呢？开动脑筋猜想一下，你觉得染色效果可能受什么因素影响？

影响染色效果的可能因素

原因一	
原因二	
原因三	
原因四	
…	

原来，花草茶染色并没有那么简单，想要得到一块染色效果好的布料，需要考虑那么多的因素！那么，究竟各个因素对于染色效果会产生怎样的影响呢？这就需要我们通过严谨的科学探究去验证了。

现有进度

提出问题	染色效果受什么因素影响？
猜想假设	染色效果可能受____________影响。
接受检验	（建议采用实验的形式）
不断完善	

媒染剂：对细胞和组织的染色，有时仅用染料溶液染色并不能着染。需用可使细胞、组织和色素结合的药物溶液去处理，使材料着染。此药物溶液称为媒染剂。常用的媒染剂有明矾（十二水硫酸铝钾）、硫酸铜、硫酸亚铁等。

固色剂：是印染行业中的重要助剂之一，可以提高染料在织物上的颜色耐湿处理牢度。固色剂在织物上可与染料形成不溶性有色物，而提高颜色的洗涤、汗渍牢度，还可以提高其日晒牢度。

什么是科学探究过程？

1. 提出问题，明确要研究的课题。

2. 猜想假设，根据已有的理论或经验对问题的模型提出初步的设想。

3. 接受检验，想办法用实验来验证假设和猜想。

4. 不断完善，根据实验表现出来的结果修改设想，使之最后能解释问题，甚至提出新的正确理论。

（三）设计实验方案

验证花草茶染色效果的影响因素，一般需要通过实验的方式。完整的科学实验包括确立实验目的、设计实验、准备材料、实施实验、结果处理。现在，我们一起进入设计实验阶段，即撰写实验方案。

1. 准备工作。

思考：影响花草茶染色的因素众多，有什么方法对其一一验证而能互不干扰呢？

这个实验中采用的科学探究方法为 ________________。

2. 设计实验方案。

利用现有材料，参照实验方案的标准格式，每个小组设计三份探究影响花草茶染色效果因素的实验方案。

现有材料：

（1）花草茶——金盏花、玫瑰茄。

（2）布料——棉织布。

（3）媒染剂——明矾、硫酸铜。

由于影响因素较多，这里我们只选取三个因素（花草茶种类、媒染剂种类、媒染剂浓度）进行探究，其他因素可作为课后的交流拓展。

另外，此活动中我们只需要制订如何进行实验的方案，实验结论和实验总结放到后续活动中。

3. 班内交流。

在班级内交流团队设计的实验方案，比较并修改不足之处。

实验方案的标准格式包括：实验目的；实验所要探究的问题；实验所用器材；实验所经历的步骤；实验所得结论；实验总结，比如得到更好的实验方法或者实验中的不足。

活动小结

有效的小组合作能够帮助同学们出色地完成任务。

活动评价

影响花草茶染色效果因素的实验方案设计评价标准

评价指标		优秀	良好	一般
方案设计	格式	严格按照实验方案的标准格式。	基本符合实验方案的标准格式。	与实验方案标准格式有所出入。
	可实施性	设计的实验方案能够完全实施，并具有合理性。	设计的实验方案基本可以实施，只需要稍加改进。	设计的实验方案不太符合现实条件。
	内容完整性	方案中包含了需要探究的三个因素，环节步骤完整。	方案中基本包含了需要探究的三个因素，环节步骤基本完整。	所需探究的因素有所欠缺，或者环节步骤描述不清晰、不完整。

设计影响花草茶染色效果因素的实验方案活动评价表

小组：__________ 组长：__________

评价活动	评价指标	表现水平	组1	组2	组3	组4	组5
方案设计	格式	优秀					
		良好					
		一般					
	可实施性	优秀					
		良好					
		一般					
	内容完整性	优秀					
		良好					
		一般					
组长签字：							

活动三 花草茶染色实验探究

活动类型

研究　实验

活动时间

2 周

活动概述

在之前的活动中，同学们发现直接用花草茶染色的效果并不好，于是猜想有哪些因素可能会影响染色效果，并根据猜想制订了实验方案。在本活动中，我们就按照上述实验方案，来进行科学实验探究。

本活动的主要任务是根据活动二中设计的实验方案，对可能影响花草茶染色的三个因素分别进行实验探究，并记录数据。最后，任选一个影响因素，完成一份实验报告。

活动步骤

（一）开展实验

根据实验方案，动手染布，并检验染色效果。请在实验过程中完成下列有关内容的记录。

实验 1 记录单

花草茶种类		
媒染剂种类		
媒染剂浓度		
洗涤后布料的色泽特征		
洗涤时的脱色情况		
洗出液体的深浅		
结论		

实验 2 记录单

花草茶种类		
媒染剂种类		
媒染剂浓度		
洗涤后布料的色泽特征		
洗涤时的脱色情况		
洗出液体的深浅		
结论		

实验 3 记录单

花草茶种类		
媒染剂种类		
媒染剂浓度		
洗涤后布料的色泽特征		
洗涤时的脱色情况		
洗出液体的深浅		
结论		

提示：实验中观察到的现象一定要及时整合并记录。

（二）撰写实验报告

完成了实验操作和记录，并作出总结以后，同学们是不是对花草茶染色有了更深一步的认识呢？但是科学探究的过程并没有止步，接下来请同学们将活动二和活动三的信息整合到一起，每个小组任选一个实验，并完成一份实验报告。

1. 将活动二和活动三的信息整合到一起，任选一个实验，每个小组完成一份实验报告。

2. 班内交流。

提示：实验报告的一般格式可以参考第一单元。（此处对实验原理暂不做要求，可省略）

活动小结

通过活动，同学们了解了各种因素对花草茶植物染色的影响，并得出了较优的染色方案。同学们有兴趣的话，可以在课后继续尝试，染出质量好、颜色正的布！

活动评价

花草茶染色实验探究报告评价标准

评价指标		优秀	良好	一般
实验报告	科学性	实验报告中的科学术语使用准确，实验数据整理清晰，能根据实验数据结果得出正确的实验结论。	实验报告中的科学术语使用较为准确，实验数据整理清晰，能根据实验数据结果得出较为正确的实验结论。	实验报告中的科学术语使用不恰当，得出的实验结论存在一定问题。
	完整性	实验报告结构完整，实验步骤表达清晰。	实验报告结构完整，实验步骤表达较为清晰。	实验报告结构不完整，实验步骤表达不清晰。
	艺术性	记录美观，布局合理，文字清晰，书写工整规范，视觉效果好。	布局合理，文字清晰，书写工整规范。	布局不合理，文字过多、过小，装饰过多，视觉效果差。

花草茶染色实验探究活动评价表

使用小组：____________ 组长：____________

评价活动	评价指标	表现水平	组 1	组 2	组 3	组 4	组 5
实验报告	科学性	优秀					
		良好					
		一般					
	完整性	优秀					
		良好					
		一般					
	艺术性	优秀					
		良好					
		一般					
组长签字：							

芳香植物与染色活动个人反思表

姓名：_______ 小组：_______ 日期：_______

在这个活动中，我所完成的任务是：
通过这个活动，我的学习收获是： （1）关于芳香植物的知识。 （2）关于小组团队工作。 （3）关于演讲。 （4）其他。
通过这个活动，我知道了自己的优势有：
通过这个活动，我知道自己还需要在哪些方面继续努力：
如果再进行一次这个活动，我会在以下方面进行调整：

第十单元
Unit 10

芳香植物文学探究

植物是诗词歌赋中常见的吟咏题材。古代文人观赏植物时并不是单单欣赏其外表，还常借助对植物的吟咏来表达自己的心情和感受。在这类诗词歌赋中，芳香植物也占据了很大的篇幅。在文学作品中，芳香植物有着怎样独特的形貌特点？内蕴了怎样的精神气质呢？在本章中，同学们将共同研读与芳香植物相关的诗词歌赋及现代美文，小组合作制作芳香植物札记，并自主选择主题，撰写一份与芳香植物精神内蕴相关的文学研究报告，由此来感受芳香植物在文学世界中的魅力。

活动一 芳香植物札记

活动类型

研究　制作　设计

活动时间

3 课时

活动概述

在本活动中，同学们需要以小组为单位，选择校园内的一种芳香植物为研究对象，通过查找资料、小组讨论、制作思维导图，并对文字内容进行一定的装饰及排版，共同完成一份别具匠心的芳香植物札记。活动最后，同学们需要在提交芳香植物文学札记之余，在班内交流札记内容，并有感情地朗读札记中摘录的诗词等。

活动结束后，同学们便可以回答以下问题。

1. 古典诗词或现代美文中如何书写特定的芳香植物？

2. 你所选择研究的芳香植物内蕴了哪种独特的精神气质？

3. 结合个人对所研究的芳香植物的了解，进行文学创作，诗歌或描写段落皆可。

活动步骤

（一）接受任务

请同学们自主选择一种想要研究的芳香植物。

1. 分为 4 个或 5 个文学研究小组（每组 5~6 人）。

2. 小组内推选组长。

3. 组内讨论后，参照学校《校园芳香植物名录》，选定一种芳香植物，制作文学札记。

札记：指读书时摘记的要点和心得体会及见闻的单篇文章。汇集多篇成书，乃称札记。札记形式多样，常见的形式有提纲式、摘录式、心得式等。本次活动中所制作的芳香植物札记多采取摘录式或心得式。

（二）分配任务

1. 梳理本活动需要完成的任务，小组合作绘制相关的思维导图。
2. 分解任务。
3. 小组成员讨论后分配任务。

芳香植物札记任务计划思维导图设计

活动主题：__________

任务序号	任务内容分解	负责组员

（三）执行任务

想要还原历代文学作品中的芳香植物形象，品析历代文人对这些芳香植物的书写，完成一份特别的文学世界中的芳香植物札记，首先需要同学们利用身边丰富的学习资源，搜寻值得研究的与芳香植物相关的诗词内容或美文佳段。可将查找到的诗词等内容记录如下，并做简短的赏析或品评，作为制作芳香植物札记的素材，同时可以为整体赏析的书写和个人创作提供参考。

芳香植物名称：________________

	摘录内容	赏析、品评
诗词歌赋		
现代美文选段		

参考资料：

（1）初中各学段的语文教材。

（2）百度文库、中国知网、国家哲学社会科学文献中心等文献数据库。

（3）各类与文学世界中的芳香植物相关的专业书籍。

如潘富俊. 草木缘情：中国古典文学中的草木世界［M］. 北京：商务印书馆，2016 年.

仅有摘录内容和简短评价的芳香植物札记是否略显单薄呢？为了进一步完善、丰富芳香植物文学札记，同学们需要对搜寻、摘录的内容做进一步的归纳、赏析，品评其精神内蕴，也可以根据自己对这种芳香植物的理解，作出新的诠释。

标题：__________

小组所研究的芳香植物：
芳香植物形貌特点归纳：
摘录内容赏析评价：
个人创作（诗歌、描写片段皆可）：

提示：可以尝试从艺术手法、芳香植物的形态描绘、作者对这类芳香植物的情感、特定的芳香植物内蕴的精神气质等角度进行解析。

完成特别的芳香植物札记后，就到了最后的交流展示环节，同学们可以依据交流展示发言提纲来准备发言内容。

交流展示发言提纲

芳香植物札记标题：____________
所研究的芳香植物：
摘录内容举隅：
赏析、品评内容：
本次活动的小结（收获及不足之处）：

提示：在交流展示环节，小组成员采用配乐朗诵的方式有感情地朗诵本小组的摘录内容，可以增加感染力，吸引同学们的注意力，帮助其他同学更为深入地了解与芳香植物相关的经典诗词与散文选段，为自己的交流展示加分。

活动小结

千百年来，芳香植物常被古代文人吟咏，有着厚重而绵长的文学生命。通过本活动，同学们自主搜集资料、品味赏析与芳香植物相关的古典文学，并自主设计、排版，完成芳香植物札记。希望同学们常怀一颗好奇、探索的心，成为关爱生命与自然、有情怀的芳香植物小达人。

活动评价

同学们可以对自己的学习过程进行反思和评价，并在交流分享后及时修改，后续再做反馈，这样可以收到更好的学习效果。

芳香植物札记评价标准

评价指标		优秀	良好	一般
芳香植物札记	内容	内容丰富充实，思路通畅，层次清晰，结构完整严密，书写内容详略得当。	内容较为丰富，注意到书写内容的详略安排。思路连贯，层次较清楚，结构完整。	按所要求板块书写，内容基本到位。思路基本清楚，层次基本清楚，结构基本完整，书写内容详略安排不够恰当。
	语言	用语流畅、简洁、得体，有一定的表现力与感染力。	语言通畅、不繁冗，用语规范、得体。	语言基本通畅，层次较清楚，结构完整，能注意详略。
	艺术性	记录美观，布局合理，文字清晰，书写字迹工整规范，视觉效果好。	布局合理，文字清晰，书写字迹工整规范。	布局不合理，文字过多、过小，书写潦草，装饰过多，视觉效果差。

芳香植物札记分享交流评价标准

评价指标		优秀	良好	一般
分享交流	展示内容	内容丰富充实，思路通畅，层次清晰，结构完整、严密，书写内容详略得当。	内容较为丰富，注意到书写内容的详略安排。思路连贯，层次较清楚，结构完整。	按所要求板块书写，内容基本到位。思路基本清楚，层次基本清楚，结构完整，书写内容详略安排不够恰当。
	语言表达	声音响亮，用语流畅规范，口齿清晰。	声音较为响亮，用语基本流畅规范，口齿清晰。	声音较小，用语基本通顺，口齿不清。
	仪表仪态	衣着整洁、大方、得体，表情自然，与观众有良好的眼神交流。	衣着整洁，表情自然，有与观众的良性互动。	衣着整洁，表情拘谨，与观众缺乏交流。

芳香植物札记活动评价表

使用小组：__________ 组长：__________

评价活动	评价指标	表现水平	组 1	组 2	组 3	组 4	组 5	建议
芳香植物札记	内容	优秀						
		良好						
		一般						
	语言	优秀						
		良好						
		一般						
	艺术性	优秀						
		良好						
		一般						

（续表）

评价活动	评价指标	表现水平	组 1	组 2	组 3	组 4	组 5	建议
分享交流	展示内容	优秀						
		良好						
		一般						
	语言表达	优秀						
		良好						
		一般						
	仪表仪态	优秀						
		良好						
		一般						
组长签字：								

活动小组评价表

本次活动中，我们组最大的收获是：
需要改进的地方有：

个人自评表

本次活动中，我完成的组内任务是：
本次活动中，我的收获是：
未来的学习中需要改进的地方有：

活动二 芳香植物文学研究报告

活动类型

研究　制作　设计

活动时间

3 课时

活动概述

纵观中国古代文学史，诸多文人热衷于书写草木，并在其中寄托了特殊的情感。让我们来共同完成一份芳香植物文学研究报告，从而更加全面、深入地学习、研究芳香植物的文学书写。

在本活动中，同学们需要以小组为单位，选择校园内的一种芳香植物为研究对象，自主选题，完成一份开题报告并撰写文学研究报告。

活动结束后，同学们应该清楚以下问题。

1. 初步学会运用文献研究法、比较研究法等研究方法。

2. 你所选择研究的特定的芳香植物有着怎样的意象内涵？其意象内涵在文学发展史中是否有变化？

活动步骤

（一）接受任务

1. 分为 4~5 个文学研究小组（每组 5~6 人）。

2. 小组内推选组长。

3. 组内讨论后，参照学校《校园芳香植物名录》及沪教版语文教科书，选定一种芳香植物进行文学研究。

提示：各组成员可重新选定想要研究的芳香植物，或继续研究之前选择的芳香植物。

（二）分配任务

要出色地撰写一份芳香植物文学研究报告，同学们需要前期谨慎选题，认真地查阅、整理资料，并完成结题报告。这个过程中，各位组员需要对任务进行明确分工，并精诚协作。同时，为了之后能够更为顺利地撰写芳香植物文学研究报告，梳理研究思路，同学们需要完成一份开题报告，并做中期交流，讨论选题的可行性。

提示：关于特定的某种芳香植物的文学研究可以从共时性（同一年代文学作品间的横向比较）与历时性（不同年代文学作品间的纵向比较）两方面来考虑，可做文学比较，如研究不同朝代的文人对同一种芳香植物的书写，总结共同点以及不同之处，并说明个人的感受。

1. 梳理本活动需要完成的任务。
2. 分解任务。
3. 小组成员讨论后分配任务。
4. 小组合作完成开题报告。
5. 从选题、选题的目的和意义、研究提纲等方面进行交流。

活动主题：____________

任务序号	任务内容分解	负责组员

开题报告

<table>
<tr><td>小组成员</td><td colspan="5"></td></tr>
<tr><td>选题的提出</td><td colspan="5"></td></tr>
<tr><td>目的与意义</td><td colspan="5"></td></tr>
<tr><td rowspan="2">研究内容</td><td colspan="5">总述：</td></tr>
<tr><td colspan="5">提纲：</td></tr>
<tr><td rowspan="10">具体
研究计划</td><td rowspan="5">任务
分工</td><td>任务</td><td>负责人</td><td>任务</td><td>负责人</td></tr>
<tr><td></td><td></td><td></td><td></td></tr>
<tr><td></td><td></td><td></td><td></td></tr>
<tr><td></td><td></td><td></td><td></td></tr>
<tr><td></td><td></td><td></td><td></td></tr>
<tr><td colspan="5">研究方法：□文献法 □调查法 □对比法 □其他</td></tr>
<tr><td colspan="5">每一阶段的主要任务和目标：
阶段时间（周） 主要任务阶段目标</td></tr>
<tr><td colspan="5">计划访问的校内、校外专家：</td></tr>
<tr><td colspan="5">活动所需条件（如设备、器材、活动场地、经费及来源等）：</td></tr>
<tr><td colspan="5">预期成果展示的方式：</td></tr>
</table>

提示：

（1）由于开题报告是用文字体现的文学研究报告总构想，因而篇幅不必过长，但要把计划研究的主题、如何研究、理论适用等主要问题说清楚，应包含两个部分——总述和提纲。

（2）选题意义可以从理论意义和现实意义来谈。

（3）总述：开题报告的总述部分应首先提出选题，并简明扼要地说明该选题的目的、理论适用、研究方法、必要的数据等。

（4）提纲：开题报告包含的提纲可以是粗线条的，是一个研究构想的基本框架。可采用整句式或整段式提纲形式。在开题阶段，提纲的目的是让人清楚文学报告撰写的基本框架。

（5）文献法：搜集、鉴别、汇总、整理文献，并通过对文献的研究形成对事实的科学认识的方法。

（6）预期成果展示方式可选择调研报告、PPT 课件等方式。

（三）执行任务

在完成开题报告及开题交流后，就到了完成文学研究报告的阶段了，同学们可以参考以下的芳香植物文学研究报告示例来完成自己的文学研究报告。

提示：可在文学研究提纲中简明扼要地书写文学研究报告的写作思路。

芳香植物文学研究报告

标题：________________
小组所研究的芳香植物：
文学研究提纲：
文学报告主体内容：
参考文献（所引文献皆需注明书籍名称、作者、出版社等内容）：
研究不足之处及研究中遇到的困难：

参考文献示例：

（1）书籍

洪本健．欧阳修和他的散文世界［M］．上海：上海古籍出版社，2017．

（2）期刊

王水照．欧阳修散文创作的发展道路［J］．文学遗产，1991（01）：269-284．

芳香植物文学研究报告交流展示发言提纲

研究主题：________
所研究的芳香植物：
研究思路与结构：
参考文献：
研究后仍感到困惑的内容：

活动小结

草木缘情，草木有心，芳香植物与文学作品有着传唱千古的隽永关系。通过小组合作，提交开题报告，撰写芳香植物文学研究报告，同学们是否对一些芳香植物有了更为深入和全面的了解了呢？希望同学们能在之后的生活与学习中也做一个有心人，时时观察，善做研究，以期全面了解芳香植物。

活动评价

芳香植物文学研究报告评价标准

评价指标		优秀	良好	一般
芳香植物文学研究报告	内容	内容丰富充实，思路通畅，层次清晰，结构完整严密，书写内容详略得当。	内容较丰富，注意到书写内容的详略安排。思路连贯，层次较清楚，结构完整。	按所要求板块书写，内容基本到位。思路基本清楚，层次基本清楚，结构完整，书写内容详略安排不够恰当。
	文学性	用语流畅、简洁、得体，有一定的表现力与感染力。	语言通畅、不繁冗，用语规范得体。	语言基本通畅，层次较清楚，结构完整，能注意详略。

芳香植物文学研究报告交流评价标准

评价指标		优秀	良好	一般
分享交流	展示内容	内容丰富充实，思路通畅，层次清晰，结构完整、严密，书写内容详略得当。	内容较为丰富，注意到书写内容的详略安排。思路连贯，层次较清楚，结构完整。	按所要求板块书写，内容基本到位。思路基本清楚，层次基本清楚，结构完整，书写内容详略安排不够恰当。
	语言表达	声音响亮，用语流畅规范，口齿清晰。	声音较为响亮，用语基本流畅规范，口齿清晰。	声音较小，用语基本通顺，口齿不清。
	仪表仪态	衣着整洁、大方、得体，表情自然，与观众有良好的眼神交流。	衣着整洁，表情自然，有与观众的良性互动。	衣着整洁，表情拘谨，与观众缺乏交流。

芳香植物文学研究报告活动评价表

使用小组：________ 组长：________

评价活动	评价指标	表现水平	组 1	组 2	组 3	组 4	组 5	建议
芳香植物文学研究报告	内容	优秀						
		良好						
		一般						
	文学性	优秀						
		良好						
		一般						
分享交流	展示内容	优秀						
		良好						
		一般						
	语言表达	优秀						
		良好						
		一般						
	仪表仪态	优秀						
		良好						
		一般						
组长签字：								

活动组评价表

本次活动中，我们组最大的收获是：
需要改进的地方有：

个人自评表

本次活动中，我完成的组内任务是：
本次活动中，我的收获是：
未来的学习中需要改进的地方有：

第十一单元

Unit 11

芳香植物的地域环境与传播

不同的地域环境造就了不同的芳香植物。随着人类活动的发展，芳香植物被传播到更广阔的区域。从传统香料肉桂、八角，到香气扑鼻的桂花；从芬芳洁白的茉莉花，到热情洋溢的玫瑰……这些芳香植物的生长受到哪些地域环境的影响？这些地理因素是如何影响芳香植物的？芳香植物是如何实现传播的？在传播的过程中，这些芳香植物给人们带来了什么？本活动中，同学们将探究芳香植物的地域环境与传播历史，了解它们的“前世今生”。

活动一

探寻芳香植物的“地理区位”

活动类型

研究　实验　设计

活动时间

4 课时

活动概述

有一个名为科西嘉的小岛，历来有“芳香之岛”的美誉。得天独厚的地理位置使得这里土地丰饶并且富含各种矿物质，茂密的植被中隐藏着多种享誉世界的珍贵芳香植物，如永久花、马鞭草、香桃木等。可见，芳香植物的生长确实会受到地域环境因素的影响。那么，影响芳香植物生长的地理区位条件有哪些呢？

在本活动中，同学们需要以小组为单位，以校园芳香植物为研究对象，通过查找资料、小组讨论、自主设计方案（题材不限，如文献记载、实验设计、材料分析），研究地理区位条件是如何影响芳香植物生长的，并形成一份研究报告。活动结束后，同学们应清楚以下问题。

1. 芳香植物的地域环境影响因素有哪些？

2. 学会设计方案来证实某一因素的客观存在性。

活动步骤

（一）接受任务

1. 分为 7 个探究小组。

2. 每一小组从白玉兰、迷迭香、柑橘、睡莲四种芳香植物中选择一种作为研究对象，同时选择探究一种地理区位条件存在的客观性和影响性。

3. 对于区位条件研究，各组之间不能重复。

4. 确定每组探究主题、开展研究内容的形式。

区位：一定地域空间内地理事物的联系。地理区位条件包括自然条件、社会经济条件。

（二）分配任务

主题：________

任务内容分解	负责同学	完成日期

（三）执行任务

探究某一地理因素对芳香植物的影响，同学们需要设计完整的方案来证明主题的可行性。整个执行过程包括准备、实施、汇总三个部分。根据分工任务及研究计划，可以制订如下所示的计划或记录表。

探究自然地理因素的方案设计

主题：探究 ×× 因素对 ×× 芳香植物生长的影响
[准备工作] 1. 基础资料收集 2. 需要的实验器材
[使用方法]
[探究过程的观察或记录]
[探究结论]
[不足与展望]

对比法：也叫对比分析法、比较分析法，是通过实际数与基数的对比来提示实际数与基数之间的差异，借以了解活动成绩和问题的一种分析方法。

实地考察法：到指定的地方去做研究。为了解一个事物的真相、势态、发展流程，而去实地进行直观的、详细的调查。

文献研究法：搜集、鉴别、整理文献，并通过对文献的研究形成对事实的科学认识。

提示：研究自然因素，同学们可以尝试采用实地考察、科学实验的方法。研究社会经济因素，同学们可以采用查找文献和时政新闻的方法。

探究社会经济因素的方案设计

主题：浅析 ×× 因素对 ×× 芳香植物生长的影响
[准备工作] 1. 基础资料收集。 2. 需要的书籍或者电子期刊网站。
[使用方法]
[探究过程] 记录：如为文献或书籍，需标明文献或书籍名称、出处、作者、期刊号；如为时政新闻，需标明报刊或网络出处。
[探究结论]
[不足与展望]

活动小结

地理区位影响着芳香植物的地域环境。所谓“一方水土养一方人”，芳香植物也有着很强的地域性。活动中，同学们尝试了选题方案的自主设计，是不是也别有一番趣味呢？

活动评价

活动组评价表

我们组自主设计方案时，难度最大的地方在于：
经过学习，我们组对于自主设计方案的理解是：
需要改进的地方有：

个人自评表

在这个活动中，我所完成的任务是：
通过这个活动，我的学习收获是：
通过这个活动，我知道了自己的优势与不足：

展示交流评价表

评价指标	标准描述	自评	互评	师评
展示内容	内容正确，丰富多彩，图文并茂，详略得当			
逻辑思维	思路清晰，逻辑清楚			
展示工具	能合理利用多媒体工具（PPT、投影仪）			
语言表达	声音洪亮，口齿清楚，语速语调适宜			
仪表仪态	衣服整洁，大方自信，表情自然，目光交流			
汇总				

注意：每项分值为 0~5 分，分值越大代表水平越高。

活动二 探寻芳香植物的“前世今生”

活动类型

研究

活动时间

8 课时

活动概述

随着丝绸之路的开辟，域外的芳香植物被传入了我国。这些芳香植物的到来，不仅丰富了人们的物质生活，也促进了不同国家与地区之间的文化、经济的交流互动。沿丝绸之路而来的有哪些芳香植物？这些芳香植物经历了怎样的传播历程？

在本活动中，同学们需要以小组为单位，以丝绸之路的发展史为时间轴线，以校园芳香植物为研究对象，通过查找资料、小组讨论，并形成一份研究报告。活动结束后，同学们应清楚以下问题。

1. 随着丝绸之路的开辟，哪些芳香植物被引入了我国？

2. 校园中有哪些外来的芳香植物？这些芳香植物有着怎样的传播历程？

活动步骤

（一）接受任务

1. 将班级分为 7 个探究小组。

2. 每小组选择一种校园芳香植物作为探究对象。

3. 确定小组探究主题。

丝绸之路：狭义上一般指陆上丝绸之路，广义上又分为陆上丝绸之路和海上丝绸之路。

（二）分配任务

主题：________________

任务内容分解	负责同学	完成日期

提示：同学们可以将活动分为两个阶段进行分解。

第一阶段：丝绸之路背景下，我国芳香植物的传入情况，以此为基础，聚焦到校园芳香植物。

第二阶段：选择特定校园芳香植物，探究其传播历程及影响。

（三）执行任务

探寻芳香植物的“前世今生”，同学们需要以历史为鉴、以地理为“眼”来完成。根据分工任务及研究计划，可以制订如下所示的计划或记录表。

探究设计范例第一阶段计划表

主题：沿丝绸之路　寻芳香植物
[准备工作] 1. 基础课程知识准备。 2. 问题分解，小组分工。
[使用方法与工具] （包括网站、书籍、期刊）
[探究过程]
[探究结论]
[确定下一主题]

探究设计范例第二阶段计划表

主题：探寻 ×× 芳香植物的“前世今生”
[准备工作] 1. 结合上一活动，确定研究对象。 2. 问题分解，小组分工。
[使用方法与工具]
[探究过程]
[探究结论]
[图解] （在地图上描绘出本组所探究的芳香植物的传播路径。） 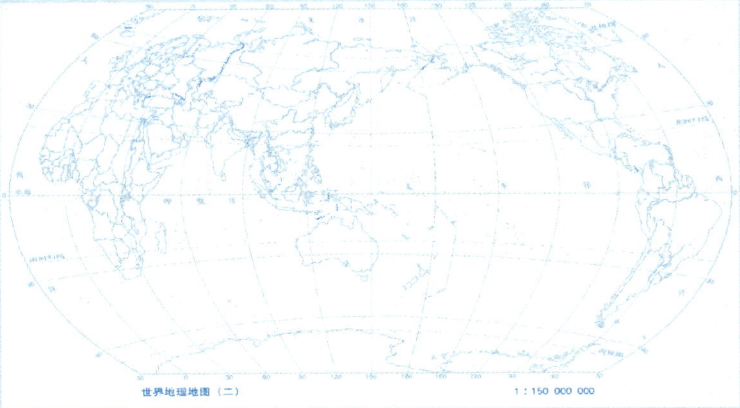
[不足与展望]

活动小结

芳香植物的传播经过了漫长的历史进程。我们芬芳宜人的校园中，不少芳香植物的“年龄”竟然这么久远！国家之间有国界，但芳香文化的传播是无国界的，愿同学们秉承这一理念，做一名有芳香气质的学子。

活动评价

活动组评价表

本次活动中，我们组最大的收获是：
需要改进的地方有：

探寻芳香植物的“前世今生”展示交流评价表

评价内容	标准描述	自评	互评	师评
展示内容	内容正确，丰富多彩，图文并茂，详略得当。			
逻辑思维	思路清晰，逻辑清楚。			
展示工具	能合理利用多媒体工具（PPT、投影仪）。			
语言表达	声音洪亮，口齿清楚，语速语调适宜。			
仪表仪态	衣服整洁，大方自信，表情自然，目光交流。			
汇总				

注意：每项分值为 0~5 分，分值越大代表水平越高。

信息收集、整理评价表

具体内容	标准描述	自评	互评	师评
信息搜索	能利用多种渠道（如网络、文献等）查找和搜集信息；能利用关键字进行搜索。			
信息筛选、整理	能筛选出有用信息；能将信息按照规范进行记录；能将信息进行二次整理，为自己的观点所用。			

注意：每项分值为 0~5 分，分值越大代表水平越高。

第十二单元

Unit 12

芳香气质之养成

上海市临港实验中学正在打造芳香校园，也提倡同学们做具有芳香气质的临港学子。关于芳香气质的定义，学校确定了细腻柔美、坚定执着、敬畏自然、反哺社会、尊重生命这五大内涵。

你对芳香气质如何理解呢？芳香气质落实到日常行为的具体要求是什么呢？本活动中，同学们将一起共建《芳香气质行为指南》，并将芳香气质内涵落实到全校！

活动一 芳香气质行为指南

活动类型

调查

活动时间

八年级下学期

活动概述

关于芳香气质，上海市临港实验中学提出了细腻柔美、坚定执着、敬畏自然、反哺社会、尊重生命这五大内涵。

在本活动中，同学们除了需要查找资料，了解芳香气质五大内涵的含义，还要通过问卷调查来了解大家心中符合芳香气质五大内涵要求的具体行为。活动最后，同学们需要形成《芳香气质行为指南》，并在班级中分享交流。活动结束后，同学们便可以回答以下问题。

1. 芳香气质五大内涵的含义是什么？

2. 哪些具体行为符合芳香气质五大内涵的要求？

活动步骤

（一）接受任务

1. 班级分为 5 个探究小组。

2. 每一小组选择一种芳香气质内涵作为探究对象，各组选择的芳香气质内涵不能重复。

3. 小组在讨论、查找资料之后，在班级中汇报所选芳香气质内涵的重要性和意义。

提示：对于芳香气质的重要性和意义，可以从对中学生自身发展、对家庭、对社会等不同层面展开。

（二）分配任务

要形成一份被大家认可的《芳香气质行为指南》，同学们需要进行严谨的问卷调查，在调查结果的基础上编制。这个过程中，大家需要分工明确，并互相配合。

任务内容分解	负责同学	完成日期
形成问卷框架，编制问卷初稿		
初测并修改问卷		
确定抽样方案并实施测试		
对问卷结果进行统计分析		
撰写《芳香气质行为指南》		
制作 PPT		
班内汇报、演讲		
资料保管		

（三）执行任务

1. 了解已有的对芳香气质内涵的描述。

请利用搜索引擎、文献资料等多种途径去搜集一些关于芳香气质的资料。

百度文库、中国知网、国家哲学社会科学文献中心等都是常用的文献数据库。

2. 形成问卷框架，编制问卷初稿。

在前期文献综述的基础上，想一想哪些具体的言行举止可以体现芳香气质的要求，小组讨论，完成一份关于芳香气质的问卷初稿。

3. 初测并修改问卷。

在小范围内邀请同学进行初测，了解哪些题目填写有困难，哪些题目表达不够准确，然后根据反馈对题目进行调整。

4. 确定抽样方案，并实施测试。

不同的抽样方法，可能会导致不同的调查结果。你们要选择多少人进行调查呢？怎么选择呢？要不要将老师和家长包含在内呢？是使用纸质问卷还是网络问卷呢？通过小组讨论，请将你们的抽样调查方案写在下面表格中，并发放问卷，实施测试。

预计调查人数：
如何抽样：
调查对象分类：
问卷形式：
预计调查时间：

5. 对问卷结果进行统计分析，撰写《芳香气质行为指南》。

对问卷进行分析，撰写《芳香气质行为指南》，请尽量清楚地呈现哪些言行举止符合大家对芳香气质的期待。

6. 制作 PPT，班内汇报、演讲。

汇总过程性资料和最终成果，制作 PPT，在班级内进行交流分享。交流时要介绍清楚问卷设计的思路、小组的调查方案及具体实施情况、问卷统计分析结果及最终的《芳香气质行为指南》。

活动小结

同学们通过查找资料、问卷调查等方式，形成了《芳香气质行为指南》，为芳香气质的落实和推广打下了坚实的基础。

活动评价

调查结果评价标准

评价指标		优秀	良好	一般
调查结果	问卷编制	问卷结构逻辑严谨，题目紧紧围绕芳香气质的内涵。	问卷结构清楚，题目能够围绕芳香气质的内涵。	问卷结构逻辑混乱，题目与芳香气质内涵关系不大。
	抽样调查过程	抽样调查方案能涵盖我校各类对象，并依照比例进行抽样，实际实施过程非常到位。	抽样调查方案能涵盖我校各类对象，实际实施过程执行到位。	抽样调查方案不能涵盖我校各类对象，实际实施过程执行不到位。
	结果分析	结果分析数据翔实，结论充分，极具说服力。	结果分析真实，符合逻辑。	结果分析混乱。

调查结果评价表

评价活动	评价指标	表现水平	组 1	组 2	组 3	组 4	组 5
调查结果	问卷编制	优秀					
		良好					
		一般					
	抽样调查过程	优秀					
		良好					
		一般					
	结果分析	优秀					
		良好					
		一般					
组长签字：							

小组活动评价表

本次活动中，我们组最大的收获是：
需要改进的地方有：

活动二 芳香气质我推广

活动类型

设计

活动时间

八年级下学期

活动概述

通过同学们的努力，《芳香气质行为指南》已经形成。那么，如何让芳香气质落地，成为全校同学愿意努力去追求的方向呢？请以小组为单位，设计活动方案，在班级和校内进行《芳香气质行为指南》的宣传推广，通过演讲、风采人物评选、海报、不文明行为点评等丰富多彩的活动，将芳香气质内涵落实到全校同学的行为上。

活动步骤

（一）接受任务

基于《芳香气质行为指南》，以小组为单位，结合小组成员特长，确定本小组的主要推广手段。

1. 维持原有 5 个探究小组不变。

2. 查找有哪些手段和方式在推广方面的效果较好。

3. 确定本小组的主要推广手段。

提示：演讲、风采人物评选、海报宣传、不文明行为点评、宣传视频等都是可以采用的宣传方式，也可以多种方式结合。

（二）分配任务

任务内容分解	负责同学	完成日期
制订宣传推广方案		
准备活动所需材料		
……		
制作 PPT		
汇报、演讲		

提示：在活动的实施和执行过程中，可能会有很多意想不到的困难，要及时通过讨论来调整下一步计划。

（三）执行任务

1. 制订宣传推广方案。

通过查找资料，在小组内集思广益，制订《芳香气质行为指南》推广方案。

2. 准备活动所需材料。

根据方案，准备所需材料，如海报、宣传视频、风采人物评选标准、不文明行为公示榜等。

3. 开展推广。

按照各小组选取的宣传手段和方案，在班内或校内开展推广活动。

提示：一份活动方案通常包括活动目的、活动时间、参与对象、活动准备、活动流程、注意事项等内容。

活动小结

同学们制订了《芳香气质行为指南》的推广方案，用形式多样的方式来促进全校同学理解和认同芳香气质的具体要求，为芳香气质落实到全校同学的心里和日常行为中贡献了自己的力量。

活动评价

芳香气质推广活动评价标准

评价指标		优秀	良好	一般
芳香气质宣传推广	明确性	该小组宣传推广的《芳香气质行为指南》中的具体行为要求条理清晰，非常易于理解。	该小组宣传推广的《芳香气质行为指南》中的具体行为要求条理较为清晰，比较容易理解。	该小组宣传推广的《芳香气质行为指南》中的具体行为要求条理不太清晰，比较不容易理解。
	感染力	该小组的宣传推广让我深受触动，让我从心底认可，愿意努力去达到芳香气质的要求。	该小组的宣传推广，让我受到触动，愿意试着去达到芳香气质的要求。	该小组的宣传推广，让我受到的触动不大。

芳香气质推广活动评价表

评价活动	评价指标	表现水平	组 1	组 2	组 3	组 4	组 5
芳香气质宣传推广	明确性	优秀					
		良好					
		一般					
	感染力	优秀					
		良好					
		一般					
组长签字：							

芳香气质之养成活动个人反思表

姓名：________ 小组：________ 日期：________

在这个活动中，我所完成的任务是：
通过这个活动，我的学习收获有： （1）关于调查方法或宣传手段。 （2）关于小组团队工作。 （3）关于演讲。 （4）其他。
通过这个活动，我知道了自己的优势有：
通过这个活动，我知道自己还需要在以下方面继续努力：
如果再进行一次这个活动，我会在以下方面进行调整：